AF500127

N° 3.

TRAITÉ

SUR LA

RESPONSABILITÉ EN MATIÈRE DE CONSTRUCTION.

PREMIÈRE PARTIE.

Examen pratique de la législation actuelle.

Toute responsabilité suppose un préjudice souffert. Le préjudice peut résulter de trois causes différentes, savoir :

1° De l'inexécution d'une convention par l'une des parties contractantes ;

2° D'un délit ou d'un quasi-délit commis en dehors de tout contrat ;

3° D'un cas fortuit ou d'une force majeure.

Pour que notre travail soit complet nous devons examiner sous ces trois points de vue la responsabilité en matière de construction, chacune de ces causes de responsabilité étant soumise à des principes différents, fera l'objet d'un titre séparé et dans chaque titre nous rappellerons d'abord, les règles générales du droit et nous expliquerons ensuite les règles spéciales en matière de constructions.

TITRE PREMIER.

Responsabilité de l'inexécution des conventions.

SECTION PREMIERE.

Règles générales du droit.

Les règles générales sur la responsabilité de l'inexécution des conventions, sont posées dans les articles 1134 à 1155 du Code civil.

Il n'est pas douteux que ces principes généraux du droit, s'appliquent aux conventions relatives à des constructions : en effet le projet du Code faisait suivre l'article 1796 actuel par un article ainsi conçu : « si l'ouvrier ne fait pas l'ouvrage convenu ou s'il ne le fait pas tel « et dans tel temps qu'il l'a promis, il est tenu de tous les dom- « mages-intérêts qui peuvent résulter de l'inexécution de son obligation. » Cet article fut supprimé sur l'observation du Tribunat qu'il rentrait dans les règles générales des conventions.

Nous croyons indispensable de rappeler ici ces principes généraux dont nous aurons souvent à faire l'application dans ce traité.

Les conventions tiennent lieu de loi à ceux qui les ont faites; elles obligent non-seulement à ce qui y est exprimé, mais encore à toutes les suites que l'équité, l'usage ou la loi donnent à l'obligation d'après sa nature (C. c. 1134 et 1135).

Cette loi privée a sa sanction : si l'un des contractants la viole dans ses dispositions expresses ou implicites, il doit être condamné par les tribunaux à des dommages-intérêts envers l'autre contractant ; cette pénalité a lieu soit par une obligation de donner, soit par une obligation de faire ou de ne pas faire (C. c. 1136, 1142).

Les dommages-intérêts sont dus soit dans le cas d'inexécution totale ou partielle, soit dans le cas d'exécution tardive, soit dans le cas d'exécution vicieuse, et généralement toutes les fois qu'il y a violation de la loi privée, pourvu que cette violation provienne du fait du débiteur et non d'un cas fortuit (C. c. 1147, 1148).

Toutefois, dans les cas d'exécution tardive, les dommages-intérêts ne sont dus qu'à partir de la mise en demeure, à moins que la chose faisant l'objet du contrat, ne pût être utilement donnée ou faite que dans un certain temps, que le débiteur a laissé passer (C. c. 1146).

L'étendue des dommages-intérêts est fixée d'avance par la convention ou arbitrée par le juge.

Lorsqu'elle est fixée par la convention, le juge ne peut allouer une somme supérieure ou inférieure, à moins que l'obligation n'ait été exécutée en partie (C. c. 1152, 1231).

Lorsqu'elle est arbitrée par le juge, elle comprend en général la perte que le créancier a faite et le gain dont il a été privé (*damnum emergens et lucrum cessans*). Néanmoins, le débiteur est traité plus ou moins sévèrement suivant qu'il est de bonne foi ou de mauvaise foi : si on ne peut le convaincre de dol, il n'est tenu que des dommages-intérêts qui ont été prévus ou qu'on a pu prévoir lors du contrat. Si on peut le convaincre de dol il est tenu des dommages-intérêts même imprévus; toutefois, il n'est dans tous les cas tenu des dommages que pour ce qui est une suite immédiate et directe de l'inexécution de la convention (C. c. 1149, 1150, 1151).

Par exception, dans les obligations qui ont pour objet le paiement d'une somme, les dommages-intérêts résultant du retard ne consistent jamais que dans la condamnation aux intérêts légaux (Code civil 1153).

Dans les obligations de faire, le créancier peut se faire autoriser à détruire aux dépens du débiteur ce qui a été fait contrairement à la convention, il peut aussi, en cas d'inexécution, se faire autoriser à exécuter lui-même l'obligation aux dépens du débiteur (Code civil 1143, 1144).

S'il y a plusieurs co-obligés, ils sont tenus du paiement des dommages-intérêts de la même manière qu'ils étaient tenus de l'exécution de l'obligation primitive, ils doivent chacun la totalité ou chacun sa part selon que la solidarité a été ou n'a pas été stipulée (Code civil 1197 à 1216).

Si l'un des contractants laisse plusieurs héritiers, il faut distinguer si l'objet de l'obligation primitive était divisible ou indivisible, soit matériellement, soit intellectuellement ; si l'objet était divisible, le créancier n'a action que contre l'héritier contrevenant et pour sa part seulement, il est sans action contre les autres; si l'objet était indivisible, la totalité de la clause pénale est encourue par la contravention d'un seul, et elle peut être demandée soit contre le contrevenant, soit contre chacun des co-héritiers pour sa part (Code civil 1232, 1233).

Ces principes généraux appliqués à l'espèce qui nous occupe, nous apprennent déjà dans quels cas le constructeur ou le propriétaire sont responsables l'un envers l'autre, quelle est l'étendue des dommages-intérêts, pour quelle part les co-débiteurs y participent ; il serait facile de poser des exemples, mais ces principes sont trop connus pour nous y arrêter, nous devons surtout fixer notre attention sur les règles spéciales.

SECTION II.

Règles spéciales à la violation des conventions en matière de constructions.

Nous venons de voir que la violation des conventions peut résulter :

1° D'une inexécution totale ou partielle ;

2° D'une exécution tardive ;

3° D'une exécution vicieuse ;

Nous allons examiner, sous ces trois rapports, la violation des conventions en matière de constructions.

CHAPITRE PREMIER.

Responsabilité de l'inexécution totale ou partielle.

D'après les règles générales du droit, les conventions ne peuvent être révoquées que par un consentement mutuel des parties, et les obligations ou les droits qui en résultent passent aux héritiers (Code civil 1134, 1122); de graves exceptions à ces principes sont établies en matière de constructions, par les articles 1794, 1795 et 1796 Code civil.

D'après ces mêmes règles, les biens d'un débiteur sont le gage commun de ses créanciers, Code civil 2093, il est dérogé à ce principe en faveur des constructeurs, par les articles 1798, 2103 Code civil et 191 Code du commerce.

Nous allons préciser l'étendue de ces trois exceptions au droit commun.

§ 1er.

Inexécution par la volonté des parties ou de l'une d'elles.

L'inexécution du contrat peut résulter de la volonté des deux parties ou de la volonté du propriétaire, ou de la volonté de l'entrepreneur; parcourons ces trois hypothèses :

Premièrement. — Volonté mutuelle.

Le consentement mutuel des parties, peut sans aucun doute résoudre le contrat (Code civil 1134).

Les conditions de cette résolution sont réglées par la convention des parties à défaut de convention : à cet égard on doit présumer que la résolution a été consentie dans un intérêt commun.

En conséquence, si les travaux n'ont pas été commencés, si aucuns préparatifs n'ont été faits, les choses étant entières il y a présomption que les parties ont renoncé réciproquement à se demander des dommages-intérêts.

Si des préparatifs ont été faits, *puta* : des matériaux achetés, amenés, taillés, si les travaux sont commencés, il y a présomption que dans la pensée des parties l'entrepreneur devait être indemnisé de tous ses faux-frais pour achat, transport, façon, pose et dépose de matériaux, déduction faite de la valeur des matériaux, qu'il pourra employer utilement ailleurs (Pothier, *Traité du louage*).

Deuxièmement. — Volonté du propriétaire.

L'article 1794, Code civil, porte : « Le maître peut résilier par sa « seule volonté le marché à forfait, quoique l'ouvrage soit déjà com- « mencé, en dédommageant l'entrepreneur de toutes ses dépenses, « de tous ses travaux et de tout ce qu'il aurait pu gagner dans cette « entreprise.

« L'entrepreneur ne peut s'opposer à la résolution de notre mar- « ché, et prétendre que je doive lui payer le prix entier des travaux, « aux offres qu'il fait de remplir de sa part son obligation, et de cons- « truire le bâtiment porté au devis : le motif de cette exception au « droit commun, c'est qu'il a pu me survenir depuis la conclusion « de notre marché, de bonnes raisons pour ne pas bâtir, dont je ne « suis pas obligé de rendre compte ; il a pu me survenir des pertes « dans mes biens, qui me mettent hors d'état de faire la dépense que « je m'étais proposée (Pothier, *du louage*). »

Le maître peut invoquer 1794, en quelque état que se trouve l'ouvrage et quelque avancé qu'il soit, pourvu qu'il ne soit pas entièrement achevé (arrêt Code de Bastia 26 mars 1838).

L'entrepreneur doit être indemnisé de la perte qu'il éprouve, en conséquence s'il a fait des préparatifs, si en vue de l'exécution du marché il a loué des ouvriers, acheté des matériaux, etc...., il doit être indemnisé du préjudice qui peut en résulter, cela résulte de ces expressions de l'article 1794, *toutes ses dépenses*. S'il a déjà commencé les travaux il a droit d'abord au prix des travaux faits, au taux con-

venu, et ensuite à des dommages-intérêts pour les travaux préparés.

L'entrepreneur doit en outre être indemnisé du gain dont il a été privé, ce droit lui appartient quel que soit l'état des choses à l'époque de la résolution du contrat et lors même que les travaux ne seraient ni commencés ni préparés, le gain dont il est privé doit être évalué sur l'entreprise dont s'agit, et non sur d'autres entreprises qu'il aurait pu faire. Pothier, dans son *Traité du louage*, disait : « On doit « aussi comprendre dans les dommages-intérêts de l'entrepreneur, « le profit qu'il aurait pu faire sur d'autres marchés que celui dont « on a demandé la résolution lui a fait refuser. » Les rédacteurs du Code ont rejeté avec raison cette base d'évaluation comme trop incertaine.

La résiliation dans un intérêt public d'un marché de fournitures, consenti par l'état, donne droit à l'entrepreneur de réclamer une indemnité en restitution.

Troisièmement. — Volonté de l'entrepreneur.

L'entrepreneur ne peut, par sa seule volonté, résoudre le contrat, il ne jouit pas du même privilège que le propriétaire, parceque faisant un acte de sa profession, il est présumé avoir prévu toute l'étendue de ses obligations.

Peu importe qu'il n'exécute pas le contrat par caprice ou par impuissance, il est responsable de son imprudence s'il a trop présumé de ses forces, et s'il n'existe qu'une impossibilité relative (Code civil 1147) il ne pourrait s'affranchir du contrat qu'autant qu'il y aurait impossibilité absolue *adversus omnes* (Code civil 1172).

Il ne peut céder son entreprise à un tiers, ou la faire exécuter par un tiers pour son compte, si le contrat n'a eu lieu qu'en considération de son talent personnel (Code civil 1237).

Dans le cas d'inexécution, par le fait de l'entrepreneur, le propriétaire peut à son choix : 1° Demander la résiliation pure et simple du marché avec des dommages-intérêts; 2° Ou faire condamner l'entrepreneur à exécuter le contrat, et faire ordonner que faute par lui de commencer ou continuer les travaux, et de les mettre à fin, dans un délai prescrit par le juge, le propriétaire est autorisé à conclure marché avec un autre entrepreneur, pour faire les travaux aux risques et aux dépens du premier entrepreneur, en l'appelant au marché (Code civil 1142, 1144, 1184).

La loi Romaine punissait sévèrement l'ouvrier abandonnant les travaux : *Ne quis redemptorum, aut fabrorum, aut artificum opus à se incohatum relinquat imperfectum, sed ut accepta mercede opus, quod incepit, perficere cogatur : vel omne damnum, quod indè ædificare volens acceperit, et quid quid omnino dispendii sensit ex eo quod opus perfectum non fuerit sarciat. Si autem penuria laboret qui ita deliquerit, fustibus cæsus civitate ejiciatur* (Loi 12, 558 D.) *de ædificiis privatis.*

§ II.

Inexécution par la mort de l'une des parties.

Le décès de l'entrepreneur et le décès du propriétaire, ne produisent pas les mêmes effets légaux sur les conventions en matière de construction.

Premièrement. — Mort de l'entrepreneur.

A cet égard les articles 1795 et 1796 du Code civil, statuent en ces termes : le contrat de louage d'ouvrage est dissous par la mort de l'ouvrier, de l'architecte ou entrepreneur.

« Mais le propriétaire est tenu de payer en proportion du prix
« porté par la convention à leur succession, la valeur des ouvrages
« faits et celle des matériaux préparés, lors seulement que ces tra-
« vaux ou ces matériaux peuvent lui être utiles.

Pothier (*Traité du louage*) distinguait s'il s'agissait d'un ouvrage que l'entrepreneur pût faire par d'autres, aussi bien que par lui-même, ou d'un ouvrage pour lequel on eût pris en considération le talent personnel de l'artiste et qui ne dût être fait que par lui, et il déclarait l'obligation dans le premier cas *ad hæredem transitoria*, dans le deuxième cas *in transitoria*.

Les rédacteurs du Code ont pensé avec raison 1° que la distinction établie par Pothier donnerait lieu à des difficultés dans l'application; 2° et qu'il fallait aussi prendre en considération la position de la veuve et des héritiers qui pouvaient être étrangers à l'art de bâtir; en conséquence, ils ont établi une résolution absolue qui doit s'appliquer sans distinguer si on a eu égard au talent personnel de l'entrepreneur et qui peut être invoquée aussi bien par la veuve et les héritiers que par le propriétaire.

Toutefois, si l'entrepreneur était en demeure, s'il avait commis quelque faute dans l'exécution des travaux commencés, ses héritiers n'auraient sans doute pas succédé à l'obligation principale, qui, de sa nature, est intransmissible; mais ils auraient succédé à l'obligation secondaire des dommages-intérêts, qui est parfaitement transmissible, et l'objet de cette obligation étant divisible, chaque héritier en serait tenu pour sa part héréditaire.

Si les travaux ne sont ni préparés ni commencés, il n'est tenu de payer à l'entrepreneur que ce dont il profite *quanti locupletior factus est*, le motif, c'est que la résiliation du marché ne provient pas de son fait, la mort de l'entrepreneur est considérée comme un empêchement fortuit et de force majeure qui ne donne lieu par lui-même à aucuns dommages-intérêts de part ni d'autre, de là les différences notables entre 1794 et 1796, quant à l'étendue des répétitions.

Deuxièmement. — Mort du propriétaire.

Les obligations du propriétaire passent à ses héritiers suivant les règles générales du droit, car peu importe les mutations de personnes quand il s'agit simplement d'une dette d'argent.

Mais réciproquement les droits du propriétaire passent à ses héritiers; si donc la mort du propriétaire ne résout pas le contrat de plein droit, l'héritier peut le résoudre en usant du bénéfice de l'art. 1794.

S'il y a plusieurs héritiers et que l'un d'eux dénonce sa volonté de résoudre le contrat, l'entrepreneur l'assignera pour faire ordonner qu'il sera tenu de se régler avec ses héritiers, et si les héritiers sont d'avis différent, le juge décidera la question par le *quid utilius* (Pothier, *T. du louage*).

Il ne faudrait pas dire que si les héritiers ne s'entendent pas, le contrat sera maintenu et l'entrepreneur renvoyé de la demande par analogie de 1670, Code civil, la différence de position est complète. Si on maintient la vente à réméré, c'est parce qu'on croit ne pouvoir légalement forcer l'un des héritiers à faire des paiements qu'il n'a pas prévus, or, ce motif, dans notre espèce, militerait en sens opposé pour la résolution du contrat.

Pothier (*T. du louage*), examine quelle est la position respective des parties quand il y a un héritier aux propres et un héritier aux acquêts, la situation serait la même aujourd'hui, dans le cas où il y aurait un légataire des meubles et un légataire des immeubles, quelles en seraient les conséquences ?

1° A l'égard des légataires entre eux, il faudrait distinguer si l'ouvrage n'était pas commencé au décès; le légataire des meubles ne serait pas tenu du prix, car s'il succède aux obligations du défunt, l'obligation de payer ne devait naître que de l'exécution des travaux, et il pouvait l'empêcher de naître en invoquant 1794 ; si nonobstant le décès, le contrat s'est exécuté, c'est par la volonté du légataire des immeubles qui y était seul intéressé.

Si l'ouvrage était commencé, il faudrait dresser un état des travaux, et, par les motifs ci-dessus, décider que le légataire des meubles ne doit contribuer qu'au prix des travaux exécutés lors du décès.

Si l'ouvrage était terminé, le légataire des meubles serait tenu du prix pour sa part, comme il serait tenu de contribuer au prix d'un immeuble non payé, attendu que dans la distribution des dettes la loi ne considère pas leur origine;

2° Mais à l'égard de l'entrepreneur, il n'y a aucune distinction à établir; il a, dans tous les cas, action contre chacun des représentants du défunt, proportionnellement à sa part dans la succession, sauf le recours de ceux-ci entre eux.

§ III.

Inexécution par insolvabilité.

L'inexécution du contrat peut avoir pour cause l'insolvabilité du propriétaire ou l'insolvabilité de l'entrepreneur.

Premièrement. — Insolvabilité du propriétaire.

Les effets de l'insolvabilité du propriétaire peuvent atteindre, 1° l'entrepreneur général; 2° les sous-entrepreneurs et les ouvriers.

A l'égard de l'entrepreneur général,

Si, avant les travaux ou pendant les travaux, l'immeuble dont s'agit est saisi immobilièrement, et que le propriétaire soit dans un état notoire de déconfiture, l'entrepreneur peut se refuser à commencer ou suspendre les travaux jusqu'à ce qu'il lui ait été donné caution qu'il sera payé au terme convenu; il y a lieu, dans ce cas, d'appliquer le principe d'équité contenu dans l'article 1613, Cod. civ, au titre de la vente.

Si, après l'achèvement des travaux, le propriétaire tombe en déconfiture, il est déchu du bénéfice du terme convenu, et l'entrepreneur peut poursuivre son paiement par toutes les voies judiciaires (Code civ., 1188 et 1913).

Outre ces droits communs à tous les créanciers, l'entrepreneur jouit de certains priviléges que le législateur a cru devoir attacher à la qualité de sa créance :

1° Pour toutes espèces de constructions immobilières, les entrepreneurs ou ceux qui ont fourni des deniers pour les payer jouissent d'un privilège sur la plus-value donnée à l'immeuble pour les constructions; mais ce privilège n'a lieu qu'autant que la plus-value a été constatée par deux procès-verbaux de l'état des lieux dressés, l'un avant les travaux et l'autre après les travaux, et que ces deux procès-verbaux ont été inscrits au bureau des hypothèques de l'arrondissement (Code civ. 2103, § IV et V, et 2110).

A défaut de l'accomplissement de ces formalités, l'entrepreneur n'a aucun privilége ; il ne pourrait même, dans le cas de réparations nécessaires, réclamer le privilège des frais faits pour la conservation de la chose (C. c., 2102, § 3). Ce privilège ne peut s'appliquer qu'aux meubles ; les immeubles n'admettent de privilège tacite dispensé d'inscription que dans les seuls cas déterminés par la loi (C. c., 2106);

2° Pour la construction d'un navire, les vendeurs, fournisseurs et ouvriers ont sur ce navire un privilège qu'ils exercent dans l'ordre fixé par l'art. 191, § 8 Code de commerce, mais ils ne peuvent exercer ce privilège qu'autant que leur créance est justifiée, conformément aux dispositions de l'art. 192.

A l'égard des sous-entrepreneurs et des ouvriers,

Si le contrat intervenu entre les sous-entrepreneurs et l'entrepreneur général est une cession partielle du marché principal, soit au même prix, soit moyennant une retenue par l'entrepreneur général, si les entrepreneurs particuliers ont entendu être subrogés à tous les droits et à toutes les obligations de l'entrepreneur général, pour les exercer à leurs risques et périls et sans garantie, ils doivent contribuer à la perte résultant de l'insolvabilité du propriétaire, et se contenter du dividende afférant à leur créance, sans recours contre l'entrepreneur général.

Si au contraire les sous-traitants ou ouvriers ont conclu avec l'entrepreneur général un marché particulier indépendant du marché principal, s'ils n'ont pas entendu se mettre au lieu et place de l'entrepreneur vis-à-vis du propriétaire, l'entrepreneur général ne peut leur opposer l'insolvabilité du propriétaire et leur dire : Je n'ai reçu que vingt-cinq pour cent, recevez vingt-cinq pour cent ; s'il a mal jugé la solvabilité de l'entrepreneur, il doit en supporter seul les conséquences.

Deuxièmement. — Insolvabilité de l'entrepreneur.

L'insolvabilité de l'entrepreneur peut porter préjudice 1° au propriétaire ; 2° aux sous-entrepreneurs ou ouvriers.

A l'égard du propriétaire,

Si avant ou pendant les travaux, l'entrepreneur tombe en faillite, cet état de faillite n'anéantit pas le contrat de louage, la masse des créanciers qui représente le failli est tenue d'exécuter le contrat ; il n'y a pas même motif de dissolution qu'au cas de mort ; le failli peut faire achever l'ouvrage sous la direction de ses syndics, tandis que le décès de l'entrepreneur oppose un obstacle insurmontable à la confection personnelle de son entreprise (arrêt Cour de Caen, 24 janvier 1826).

Dans le cas où les syndics refuseraient de faire construire l'ouvrage, le propriétaire pourrait se faire autoriser à en poursuivre l'achèvement aux risques et périls du failli, mais il n'aurait aucun privilège pour ses dépenses, et les dommages-intérêts qui pourraient lui être alloués, il ne viendrait dans la distribution de l'actif qu'au marc le franc, comme un créancier ordinaire (arrêt C. de Caen, 20 février 1827).

Si l'ouvrier qui s'est chargé de construire un navire en fournissant matériaux et main-d'œuvre, et avec convention qu'il lui serait fait des avances au fur et à mesure de la construction, tombe en faillite, la propriété des constructions inachevées appartient-elle à la masse de la faillite ou bien à l'armateur qui a fait les avances ?

Cette question a été résolue en faveur de l'armateur par arrêt C. de Bordeaux, du 9 février 1829, par les motifs suivants : l'intention des parties paraît avoir été que l'armateur fût mis à couvert de toutes les sommes qu'il verserait par la propriété qui lui serait acquise du navire au fur et à mesure de la construction, l'interprétation contraire nuirait au commerce maritime, car il est très rare que les constructeurs travaillent avec leurs propres capitaux et que leur industrie puisse être mise à profit sans qu'il leur soit fait des avances considérables. Il importe peu que l'armateur ait la faculté de ne point accepter l'ouvrage, cette faculté ne peut être tournée contre celui qui peut à son gré ne pas s'en prévaloir.

A l'égard des sous-entrepreneurs et des ouvriers,

L'article 1798 C. c. porte : « Le maçon, le charpentier et autres « ouvriers qui ont été employés à la construction d'un bâtiment ou « d'autres ouvrages faits à l'entreprise n'ont d'action contre celui « pour lequel les ouvrages ont été faits, que jusqu'à concurrence de « ce dont il se trouve débiteur envers l'entrepreneur au moment où « leur action est intentée. »

Le propriétaire n'ayant pas traité avec les ouvriers n'est pas tenu de s'enquérir si les ouvriers sont payés exactement quand l'entrepreneur reçoit des à-comptes, c'est aux ouvriers à faire connaître leurs droits au propriétaire par des oppositions; le propriétaire peut leur alléguer des paiements, quoique non constatés par des actes ayant date certaine ou quoique faits avant l'échéance convenue ou d'usage. On ne peut argumenter ici par analogie de l'article 1793 C. c., car s'il est peu vraisemblable qu'un sous-locataire paie des loyers anticipés sans y être contraint, il est au contraire très-vraisemblable qu'un propriétaire paie des à-comptes aux entrepreneurs quand il se trouve une garantie suffisante dans les ouvrages déjà exécutés; c'est donc aux ouvriers à prouver dans tous les cas la collusion entre le propriétaire et l'entrepreneur.

L'action des ouvriers contre le propriétaire est-elle directe ou indirecte?

L'intérêt de cette question a lieu quand l'entrepreneur est en faillite ou en déconfiture, selon la solution, ce qui reste dû par le propriétaire sera versé dans la caisse commune et attribué au marc le franc à tous les créanciers, ou bien sera mis à part et attribué exclusivement et par privilège aux ouvriers.

Argument pour l'action indirecte.

1° 2093, Code civ. Les biens du débiteur sont le gage commun de ses créanciers; le privilège est une exception qui ne peut résulter que d'une disposition expresse de la loi;

2° L'article 1798 comme l'article 1753, au titre de louage, ne sont que des applications de ce principe général, posé dans 1166, que les créanciers peuvent exercer tous les droits et actions de leur débiteur;

3° 1798 indique, par sa rédaction, qu'il est conçu dans un esprit restrictif des droits des ouvriers; il n'a pour but que de limiter ces droits vis-à-vis du propriétaire : il est donc contradictoire de l'interpréter en faveur des ouvriers;

4° Les ouvriers sont étrangers au contrat intervenu entre le propriétaire et l'entrepreneur; ce contrat ne peut ni leur nuire, ni leur profiter (C. c., 1165). *Res inter alios acta aliis neque nocet neque prodest.*

(Delvincourt, t. 3. Notes, pag. 217.)

Argument pour l'action directe.

1° 1798, C. c. n'a pas eu pour but de donner aux ouvriers, du chef de l'entrepreneur, une action qui résulterait du principe général posé dans 1166, mais bien de restreindre dans de justes limites l'action qu'ils ont de leur chef contre celui pour le compte duquel ils ont fait des travaux (Arrêts. Cour de Douai, 30 mars et 13 avril 1833);

2° Le droit de préférence de l'ouvrier n'est pas basé sur un privilège, mais sur un droit de co-propriété; lorsque, par son industrie, l'ouvrier a créé une chose nouvelle, il est considéré comme copropriétaire de cette chose, eu égard à son industrie, et le propriétaire de la matière ne peut retenir la chose nouvelle qu'en remboursant le prix de la main-d'œuvre (C. c., 570). Ce principe a été appliqué à l'ouvrier contre son intérêt par l'article 1790, qui ne lui permet pas de réclamer son salaire quand la chose a péri par cas fortuit; le même principe doit lui être appliqué pour son intérêt, quand il s'agit de lui donner une action directe contre le propriétaire pour la valeur de son industrie;

(Duranton, t. 17, n° 262.)

(Duvergier, t. 2, n° 381.)

3° Un décret du 12 décembre 1806, relatif aux travaux publics, déclare expressément que les sous-traitants ont un droit exclusif aux sommes qui peuvent être dues par l'État aux entrepreneurs généraux.

Nous pensons, avec la jurisprudence, que l'ouvrier a une action directe contre le propriétaire.

L'article 1798 limite également l'étendue du privilège des fournisseurs et employés à la construction d'un navire.

Si l'entrepreneur pour qui ils travaillent construit pour lui-même, ils ont privilège sur le navire pour tout ce qui leur est dû.

Si l'entrepreneur construit à forfait pour le compte d'un tiers, ils n'ont d'action contre ce tiers que jusqu'à concurrence de ce que celui-ci peut devoir à l'entrepreneur (Arrêt. Cour de Rouen, 31 mai 1826).

Si cependant rien n'avait pu indiquer à l'employé ou au fournisseur, que l'entrepreneur travaille à forfait et non pour son propre compte, l'employé ou le fournisseur serait privilégié pour toute sa créance (arrêt Cour de Caen 21 mars 1827, confirmé par arrêt de rejet du 30 juin 1829).

CHAPITRE II.

Responsabilité de l'exécution tardive.

Les règles générales, relatives à l'exécution tardive, s'appliquent sans exception aux conventions relatives à des constructions, il nous suffira donc de rappeler ces règles en peu de mots :

Premièrement. — Le délai pour l'exécution des travaux, est exprimé dans la convention, ou résulte implicitement de la nature de l'opération, ou est arbitré par le juge.

Le délai convenu expressément, ne doit pas être observé à la rigueur, s'il paraît impossible d'accomplir les travaux dans ce délai (Code civil 1172), cette interprétation équitable est consacrée par la loi 5. 8 D. *Locati conducti : In operis locatione erat dictum, antequàm diem effici deberet : deinde si ita factum non esset, quanti locatoris in-*

terfuisset, tantam pecuniam conductor promiserat. Ea tenus eam obligationem contrahi puto, quatenùs vir bonus de spatio temporis æstimasset : quia id actum apparet esse, ut eo spatio absolveretur, sine quo fieri non possit.

Le délai résulte implicitement de la nature de l'opération quand elle ne peut être utilement ou convenablement faite que dans un certain temps, par exemple : si une personne s'engage à construire une barraque sur un champ de foire, l'intention commune des parties paraît avoir été que les travaux fussent terminés avant l'ouverture de la foire (Code civil 1146).

Le délai est arbitré par le juge d'après l'équité, lorsqu'il ne résulte ni de la convention, ni de la nature des travaux. Le juge peut aussi proroger le délai convenu, mais il doit user de cette faculté avec modération (Code civil 1224).

Les dommages-intérêts pour exécution tardive, sont réglés par la convention ou par le juge; en général, ils ne sont dus qu'à partir de la mise en demeure, néanmoins lorsqu'une somme est stipulée pour le retard, les tribunaux appréciant l'intention des parties, peuvent juger qu'il ne s'agit pas, à proprement parler, d'une clause pénale, mais d'intérêts qui, à une époque fixée et sans demande, commenceront à courir des sommes importantes payées d'avance à l'entrepreneur, intérêts qui doivent remplacer la jouissance de la maison non achevée à l'époque convenue (arrêt Cour de cassation, 3 décembre 1834).

Deuxièmement. — Le délai pour le paiement du prix est fixé par la convention ou par l'usage des lieux.

A défaut de convention et d'usage, le prix est exigible aussitôt la réception des travaux; dans ce cas l'entrepreneur ne peut, pendant l'exécution des travaux et avant leur réception, exiger aucun à-compte ni pratiquer aucune saisie-arrêt; et de son côté le propriétaire ne peut se refuser à payer le prix intégral aussitôt la réception des travaux, il ne peut comme il est d'usage dans les conditions d'adjudication de travaux publics, retenir un cinquième ou un dixième pour se garantir des mal-façons qui pourront se manifester dans l'année.

Les dommages-intérêts consistent dans les intérêts du prix au taux légal à partir du jour de la demande (Code civil 1153).

CHAPITRE III.

Responsabilité de l'exécution vicieuse.

Pour étudier complètement la responsabilité qui naît de l'exécution vicieuse des travaux, nous croyons devoir la considérer sous les divers points de vue indiqués par l'article 1792 Code civil. En conséquence nous examinerons successivement :

1° Les travaux auxquels elle s'applique;

2° Le préjudice qu'elle garantit;

3° Les vices qui la font naître;

4° Qui doit faire preuve de ces vices;

5° Les personnes responsables;

6° La durée de la responsabilité;

Sous chacun de ces rapports nous aurons à distinguer :

La responsabilité antérieure à la réception des travaux qui est régie par les principes du droit commun et par les articles 1787 à 1791 Code civil.

Et la responsabilité postérieure à la réception des travaux qui est régie par les dispositions exceptionnelles des articles 1792 et 2270, Code civil.

§ 1er.

Travaux sujets à garantie.

Premièrement. — La garantie antérieure à la réception des travaux s'applique à tous les travaux quelles qu'en soient la nature et l'importance.

Tant que le propriétaire n'a pas accepté les travaux, on ne peut dire qu'il a consenti à les prendre avec leurs qualités bonnes ou mauvaises, par conséquent l'ouvrier reste garant des imperfections de son

travail, soit qu'il ait pour objet une chose immobilière, soit qu'il s'applique à un objet mobilier.

Cette généralité de la garantie résulte des expressions employées par le législateur dans les articles 1787 à 1791 Code civil. Le mot *ouvrier* indique toute personne louant son travail ou son industrie, les mots *chose*, *ouvrage*, indiquent un objet quelconque produit du travail d'un ouvrier.

Deuxièmement. — La garantie postérieure à la réception des travaux, ne s'applique au contraire qu'à certains travaux d'une nature particulière :

Ce sont en général les travaux dont la solidité est une des qualités essentielles; l'expérience a appris que la solidité ne pouvait être appréciée par une simple inspection des travaux et qu'elle ne pouvait être bien constatée que par l'épreuve du temps, en conséquence la réception des travaux n'établit qu'une simple présomption quant à la solidité, et sous ce rapport la responsabilité de l'ouvrier continue.

Ces principes ont été clairement expliqués dans la discussion du projet du Code au conseil-d'état :

M. Renault, de Saint-Jean-d'Angely dit : « Pothier décharge l'architecte de la responsabilité aussitôt que l'ouvrage a été reçu; « l'article 1790 semble supposer ce principe. »

M. Bérenger répond : « 1790 se rapporte à tout ouvrage quelconque, au lieu que 1792 établit une règle particulière pour les « ouvrages dirigés par un architecte; cette distinction est nécessaire : « on peut facilement vérifier si un meuble est conditionné comme il « doit l'être; ainsi, dès qu'il est reçu, il est juste que l'ouvrier soit « déchargé de toute responsabilité; mais il n'en est pas de même « d'un édifice, il peut avoir toutes les apparences de la solidité, et « cependant être affecté de vices cachés qui le fassent tomber après « un laps de temps. »

M. Réal ajoute : « La vérification dont parle Pothier a pour objet « d'autoriser l'architecte à demander son paiement lorsque l'ouvrage « paraît fait d'après les règles de l'art; mais elle ne l'affranchit pas

« de la responsabilité à laquelle il est soumis pour les vices cachés, « et que le temps seul peut découvrir. »

Mais, dans la pratique, la distinction des ouvrages dont la solidité est l'une des qualités essentielles, et par conséquent l'une des conditions sous-entendues dans le marché, présente de graves difficultés.

L'article 1792 porte : « Si l'édifice construit à prix fait périt en « tout ou en partie par le vice de la construction, même par le vice « du sol, les architectes et entrepreneurs en sont responsables pen- « dant dix ans. »

Premièrement. — L'expression *édifice,* dans son sens le plus usuel, ne paraît s'appliquer qu'à une construction entière d'une maison d'habitation ou d'un bâtiment quelconque destiné à un usage public ou privé; la garantie a-t-elle lieu également pour des ouvrages accessoires tels qu'un mur de cloture?

L'affirmative n'est pas douteuse.

1° Nous avons vu, dans la discussion du projet du Code ci-dessus rappelée, que M. Bérenger opposait le mot *édifice* au mot *meuble,* d'où il résulte que l'expression *édifice* est prise ici dans un sens fort large;

2° L'article 2270, C. c., qui est corrélatif à l'article 1792, emploie l'expression générale *gros ouvrages.*

Deuxièmement. — L'expression *édifice construit,* employé dans l'article 1792, ne paraît s'appliquer qu'à une construction neuve, la garantie a-t-elle lieu également pour un *édifice réparé ?*

Si l'édifice périt par le vice des parties réparées, il n'est pas douteux que l'entrepreneur ne soit responsable de ce vice, puisqu'il se trouve dans son ouvrage, et sa responsabilité s'étend, non-seulement à la perte de ses constructions, mais à la perte des anciennes constructions qui a pu être occasionnée par sa faute.

Si, au contraire, l'édifice périt par le vice des parties non réparées, la solution de la question a de graves difficultés; trois systèmes se présentent.

Premier système. — L'entrepreneur ne peut être responsable que des vices de son ouvrage; on ne peut lui reprocher de n'avoir pas prévu le danger, car la loi suppose elle-même que l'appréciation de la solidité ne peut résulter de la simple inspection d'un bâtiment, même neuf, puisqu'elle le soumet à l'épreuve du temps. L'édifice a péri par vétusté, et l'article 1386, C. c., met le préjudice occasionné par la vétusté à la charge du propriétaire (Lepage, t. Ier, p. 126).

Deuxième système. — L'intention du propriétaire paraît avoir été que la réparation serait de nature à faire durer l'édifice pendant un certain nombre d'années qui ne pourrait être moindre de dix ans; l'entrepreneur devait prévoir que les réparations ordonnées seraient inutiles, et ne pas laisser le propriétaire faire des frais frustratoires; mais comme ces travaux inutiles sont la seule perte qui provienne de son chef, les dommages-intérêts devront être limités au montant des travaux réparés, et ne s'étendront pas aux autres parties de l'édifice (Arrêt. Cour de Rouen, 30 novembre 1833; confirmé par arrêt de rejet, 10 février 1835).

Troisième système. — L'entrepreneur devait faire toutes les réparations nécessaires pour consolider l'édifice; s'il périt par insuffisance de réparations, c'est sa faute : il est donc responsable, non-seulement de la perte de ses propres travaux, mais de la perte de tout l'édifice qu'un autre entrepreneur aurait pu conserver par des mesures plus intelligentes.

Nous pensons qu'aucun de ces trois systèmes ne doit être adopté exclusivement, et que chacune de leurs solutions peut être applicable suivant les circonstances.

Si l'entrepreneur n'a été chargé de réparer qu'une partie désignée de l'édifice, et que l'édifice périsse par la vétusté d'une autre partie qu'il n'a pas été chargé de réparer, il faudra, conformément au premier système, décider que l'entrepreneur n'est nullement responsable.

Si l'entrepreneur a été chargé de réparer l'édifice entier, et que cet édifice périsse par le vice d'une partie non réparée; mais s'il est reconnu en même temps que l'édifice était irréparable, et aurait également péri avec des réparations plus complètes, il faudra, conformément au deuxième système, limiter les dommages-intérêts au montant des travaux réparés devenus inutiles, et ne pas les étendre aux autres parties de l'édifice.

Enfin si l'entrepreneur, chargé de réparer l'édifice entier, ne fait que des réparations insuffisantes, et s'il eût été possible de conserver cet édifice par des réparations plus complètes, il faudra, conformément au troisième système, rendre l'entrepreneur responsable de tout le préjudice sans exception.

Troisièmement. — L'expression *édifice construit à prix fait*, employée dans l'article 1792, ne paraît s'appliquer qu'à l'ouvrage fait à l'entreprise; la garantie a-t-elle lieu également pour un ouvrage fait à la tâche ou à la journée, et pour un ouvrage fait sans prix fixé à l'avance ?

Arguments pour la négative.

1o Les articles 1792, 1793 1794, 1798 et 1799 ne parlent que du marché à *prix fait, à forfait, à l'entreprise;* ces expressions répétées prouvent que cette idée était dominante dans l'esprit du législateur. On peut craindre que celui qui s'est engagé à construire moyennant un prix fixé à l'avance, et qui court les risques d'un forfait, ne sacrifie la solidité à son intérêt; ce danger n'existe pas quand l'ouvrier doit recevoir un prix qui sera fixé après les travaux, et proportionné à son travail et à ses fournitures ;

2° L'ouvrier qui travaille à la journée a plutôt loué ses bras et son temps qu'il ne s'est obligé à faire un ouvrage déterminé. L'ouvrier qui travaille à la tâche ne diffère de celui qui travaille à la journée que par le mode de calculer le prix de son industrie, il ne se charge pas de diriger l'ensemble de l'opération, de livrer ce tout parfait dans toutes ses parties ; 1792, qui parle de l'ouvrage *à prix fait*, paraît être mis en opposition avec 1791, qui vient de s'appliquer spécialement à l'ouvrage *à la pièce ou à la mesure.*

Arguments pour l'affirmative.

1° Le mot *à prix fait* paraît indiquer un prix fixé d'après l'objet confectionné, par opposition au prix fixé d'après le temps employé à la confection quand le prix est fixé eu égard à la chose confectionnée; c'est cette chose avec toutes ses qualités qui fait l'objet du contrat; peu importe que le prix ne soit pas fixé à l'avance d'une manière expresse, car il est sous-entendu qu'il sera établi conformément à l'usage des lieux et au cours du jour, c'est-à-dire d'experts, sous ce rapport, le bail d'industrie diffère du louage des choses et de la vente (C. c. 1592);

2° L'article 2270, corrélatif à 1792, parle des gros ouvrages, sans distinguer le mode de paiement; cet article, rédigé postérieurement à 1792, paraît en avoir élargi les dispositions,

3° Les jurisconsultes romains pensaient que la garantie s'appliquait même à un ouvrage fait à la journée, mais avec de certaines distinctions.

Opus faciendum ita ut pro opere redemptori certam mercedem in dies singulos darem locavi; opus vitiosum factum est; an ex locato agere passim? Respondit: Si ita opus locasti, ut bonitas ejus tibi a conductore approbaretur, tametsi convenit, ut in singulas operas certa pecunia daretur præstari tamen tibi a conductore debet, si id opus vitiosum factum est: non enim quidquam interest, utrum uno pretio opus, an in singulas operas collocatur : si modo universitas consummationis ad conductorem pertinuit: poterit itaque ex locato cum eo agi qui vitiorum opus fecerit: nisi (si) ideo in operas singulas merces constituta erit ut arbitrio domini opus efficeretur: tum enim nihil conductor præstare domino de bonitate operis videtur (Loi 51, § 1er D. locate conducte).

Nous pensons que ces mots *à prix fait* doivent s'entendre d'un prix fixé soit avant, soit après les travaux, mais seulement d'un prix fixé eu égard à l'objet confectionné, et non eu égard au temps des services fournis; le législateur nous paraît s'être arrêté à cette idée pour établir un caractère distinctif entre l'entrepreneur et le simple ouvrier.

L'article 2270 C. c. porte : « Après dix ans, l'architecte et les en« trepreneurs sont déchargés de la garantie des *gros ouvrages* qu'ils « ont faits ou dirigés.

Quelle est l'étendue de cette expression *gros ouvrages ?* Doit-on s'attacher à la nature des professions ou à la nature de chaque travail, pour fixer les limites de la garantie?

Arguments pour le premier système.

1° Il ne faut s'attacher qu'à la nature des professions, tous les ouvrages de maçonnerie et de charpente sont gros ouvrages, tous les autres sont menus ouvrages, cette doctrine était suivie dans l'ancien droit, elle a pour elle l'avantage de la simplicité; sans doute le maçon et le charpentier font quelquefois des ouvrages dits légers et *vice versa*, le couvreur et le serrurier font quelquefois des travaux dont dépend la solidité d'un bâtiment, mais cette distinction par nature de travaux est compliquée et nous jette dans l'arbitraire; à vrai dire la solidité d'une maison dépend de la maçonnerie et de la charpente, le serrurier ne peut être assimilé au charpentier qu'autant qu'il s'agirait d'une charpente en fer ;

2° Bullet (traité d'architecture pratique, publié en 1788, p. 569) s'exprime ainsi : « *Les maçons et les charpentiers*, comme principaux « ouvriers d'un bâtiment, sont assujettis à la loi de la garantie, je ne « vois point que le couvreur, le plombier, le carreleur, le paveur, le « serrurier, le menuisier et le peintre aient une autre garantie que « celle d'un an, cependant le dépérissement des maisons peut venir « de leur faute, surtout de la part des couvreurs, des plombiers et « des serruriers.

« Le maçon et le charpentier peuvent ensemble faire une maison, « la couvrir, la clore sans l'assistance d'aucun autre ouvrier, c'est « pour cela qu'ils sont tenus de la garantie générale, les autres ou« vriers ne sont qu'accidentels à la construction, leurs ouvrages, qui « sont continuellement exposés à l'injure du temps ou à un usage « journalier et momentané, sont à tout instant susceptibles de répa-

« ration et d'entretien, sinon ils seraient consommés en peu de temps, « c'est pour cela que leur garantie n'est que d'un an, et pendant ce « temps on peut facilement connaître la défectuosité de leur ou- « vrage. »

3° Merlin (répertoire *verbo* bâtiment) fait la même distinction : « Les maçons et les charpentiers, qui ont construit un bâtiment, « doivent garantir pendant dix ans la durée de leurs ouvrages; quant « aux autres ouvriers qui contribuent à la construction des bâti- « ments, ils ne sont garants de leurs ouvrages que pendant un an à « compter du jour que leurs ouvrages ont été achevés, et cette ga- « rantie ne s'étend qu'à la façon et à la garantie des matières em- « ployées et non à ce qui peut s'user ou se rompre par violence. »

Arguments pour le deuxième système.

1° Il faut s'attacher à la nature des travaux et non à la nature des professions; sans doute certaines professions telles que la menuiserie, la peinture, la vitrerie, etc., sont exclusivement consacrées aux travaux légers, mais d'autres professions, telles que la maçonnerie, la charpente, la serrurerie, ont pour objet tantôt de gros travaux, tantôt de menus travaux, la garantie doit s'appliquer aux uns et ne peut s'appliquer aux autres, cette doctrine est conforme aux dispositions de la loi et adoptée par la jurisprudence.

2° L'article 606, Code civil, définit les gros ouvrages. « Les grosses « réparations sont celles des gros murs et des voûtes, le rétablisse- « ment des poutres et des couvertures entières, celui des digues et « des murs de soutenement et de clôture aussi en entier : toutes les « autres réparations sont d'entretien ;

3° Un arrêté du préfet de la Seine, du 23 brumaire an 12, article 1er, donne cette autre définition : « Tous propriétaires qui auront « à faire exécuter des travaux de grosses constructions, ou grosses « réparations, tels que voûtes de caves, fouilles, excavations, reprises « de gros murs et murs de refend, pans de bois portant planchers,

« etc., travaux par sous-œuvre ou autrement, seront tenus d'en faire « préalablement la déclaration.

4° La Jurisprudence classe parmi les gros travaux, la construction d'un puits (arrêt, Cour de Paris, 2 juillet 1828), la construction d'une simple cabane (arrêt, Cour d'Aix, 16 mars 1832), le pavage d'une route (arrêt, Cour de Douai, 28 juin 1837).

5° L'article 1799, Code civil, déclare que les maçons, charpentiers, *serruriers et autres ouvriers* qui font des marchés à prix fait, sont des entrepreneurs dans la partie qu'ils traitent, et les assujettit aux règles précédentes, c'est-à-dire à la garantie établie par 1792.

La distinction basée sur la nature des professions, nous semble préférable en ce qu'elle évite l'arbitraire, l'ancien droit n'appliquant la garantie décennale qu'aux travaux de maçonnerie et de charpente, rien n'indique que les rédacteurs du Code aient voulu changer cette doctrine, seulement nous pensons qu'il y a lieu d'étendre la garantie aux charpentes en fer, qu'on fait de nos jours, le nom *charpente* appliqué à ces travaux, indique suffisamment que le serrurier remplit alors les fonctions d'un charpentier.

§ II.

Préjudice dont il est dû garantie.

Le préjudice résultant de l'exécution vicieuse des travaux, peut être intrinsèque ou extrinsèque, en d'autres termes il peut s'appliquer à l'objet même du contrat, ou à des objets extérieurs appartenant, soit au propriétaire, soit à des tiers.

Premièrement. — Préjudice intrinsèque.

Il faut distinguer si ce préjudice est né avant ou après la réception des travaux.

1° Avant la réception des travaux, la responsabilité de l'exécution vicieuse des travaux s'étend à toute espèce de préjudice.

L'ouvrier répond de la perte de la chose, cette garantie est consacrée par les articles 1788, 1789 et 1790 en ces termes, *si la chose*

vient à périr, cette expression doit être entendue dans un sens large, elle doit s'appliquer même à une perte partielle ou à une simple détérioration, cette responsabilité résulte de la condition toujours sous-entendue qu'il sera donné au travail une solidité suffisante.

L'ouvrier répond aussi des simples imperfections de travail qui, sans nuire à la solidité de la chose, sans mettre son existence en péril, en rendent l'usage moins commode ou en diminuent la valeur. Cette responsabilité résulte de cette autre condition aussi sous-entendue, que le travail sera exécuté conformément aux règles de l'art.

2° Après la réception des travaux, la responsabilité de l'exécution vicieuse des travaux, ne s'étend plus à toute espèce de préjudice.

L'ouvrier répond toujours de la perte de la chose, cette responsabilité résulte de ces termes de l'article 1792 : *Si l'édifice périt en tout ou en partie*, la jurisprudence a avec raison étendu cette garantie aux simples détériorations qui peuvent abréger la durée de l'édifice et par conséquent diminuer sa valeur, sans cependant mettre dès maintenant son existence en péril (arrêt Cour de cass. 3 décembre 1834).

Mais l'ouvrier ne répond plus des simples imperfections qui existaient d'une manière apparente à l'époque de la réception des travaux, en acceptant un ouvrage dont il a connu ou pu connaître les défauts, le propriétaire a renoncé à s'en plaindre, son consentement élève une fin de non recevoir contre son action en garantie.

La réparation du préjudice intrinsèque est toujours proportionnée au préjudice souffert, à cet égard il faut établir les distinctions suivantes :

Si la chose est impropre au service auquel elle est destinée, le propriétaire peut la refuser et la laisser pour le compte de l'ouvrier ; néanmoins cette décision ne doit pas être adoptée sans prendre en considération la position de l'ouvrier : on l'admettra plus facilement, s'il s'agit d'un travail mobilier dont l'ouvrier peut facilement tirer partie, que s'il s'agit d'un travail appliqué à un immeuble dont la démolition cause à l'ouvrier une perte complète.

Si au contraire le vice ne rend pas la chose impropre au service auquel elle est destinée, mais seulement en diminue la valeur, il n'y a lieu qu'à une réduction de prix convenu entre les parties ou établi par l'usage et le cours du temps.

Deuxièmement. — Préjudice extrinsèque.

Le préjudice extrinsèque donne-t-il lieu à une réparation complète comme le préjudice intrinsèque? en d'autres termes, quand l'entrepreneur est responsable, par exemple, si les moyens de fondations ont été laissés à son choix, et que la chose périsse par insuffisance de fondations, sa garantie couvre-t-elle entièrement dans ce cas le propriétaire, et cette garantie ne pèse-t-elle que sur l'entrepreneur?

Pour résoudre cette question, il faut comparer l'étendue de la responsabilité de l'entrepreneur et l'étendue du préjudice ou de la responsabilité du propriétaire.

Responsabilité de l'entrepreneur.

L'étendue de la responsabilité de l'entrepreneur vis-à-vis du propriétaire est réglée par les principes généraux ci-dessus rappelés; en conséquence elle varie selon que l'entrepreneur a pu être de bonne foi ou a été convaincu de dol (C. c., 1150 et 1151).

Si l'entrepreneur est de bonne foi, il n'est tenu que des dommages-intérêts qui ont été prévus ou qu'on a pu prévoir lors du contrat : par exemple la perte des mêmes travaux qui ont pu être confiés à d'autres ouvriers pour rendre la maison habitable, les indemnités dues aux locataires pour trouble de jouissance; il ne répond pas des dommages qu'il était impossible de prévoir, par exemple : la détérioration d'un tableau d'un grand prix, la casse d'une glace magnifique.

Si l'entrepreneur est convaincu de dol, il répond même des dommages-intérêts qu'on ne pouvait prévoir lors du contrat, mais néanmoins ces dommages-intérêts ne doivent comprendre que ce qui est une suite immédiate et directe de l'inexécution de la convention : par exemple il sera responsable d'un tableau détérioré, d'une glace brisée, si ces accidents proviennent directement des tassements et

autres détériorations de l'édifice, mais il n'en sera pas responsable si ces accidents sont occasionnés par la maladresse d'ouvriers employés au dérangement de ces meubles, bien que ce dérangement soit causé par les vices de construction.

Préjudice et responsabilité du propriétaire.

Le propriétaire peut souffrir personnellement un préjudice, soit dans les parties de son immeuble non confectionné par l'entrepreneur, soit dans les meubles dont il a garni sa maison.

Il peut aussi être actionné en garantie pour le préjudice souffert par des tiers, soit qu'il se soit obligé envers ces tiers par un contrat à l'occasion de sa chose, pour et par une vente, ou par un louage (C. c., 1641, 1721), soit qu'il réponde sans contrat et comme d'un quasi-délit des vices de la chose qu'il a sous sa garde (1384).

De cette comparaison, il résulte une distinction entre le préjudice et la responsabilité.

Si le propriétaire réclame pour un préjudice qu'il a souffert personnellement, il est possible qu'il ne soit pas complètement indemnisé, puisque l'entrepreneur n'est tenu des dommages-intérêts que dans les limites fixées par les art. 1150 et 1151.

Si le propriétaire appelle l'entrepreneur en garantie de poursuites exercées contre lui par des tiers, il devra être complètement indemnisé, car la garantie du propriétaire vis-à-vis des tiers est soumise, quant à son étendue, aux mêmes règles que la garantie de l'entrepreneur vis-à-vis du propriétaire.

§ III.

Vices qui donnent lieu à la garantie.

Avant la réception des travaux, la garantie s'applique à toute espèce de vices et d'imperfections; cela résulte de l'obligation contractée, soit expressément, soit tacitement, par l'entrepreneur, de construire conformément aux conventions des parties et aux règles de l'art.

Après la réception des travaux, la garantie est restreinte aux vices qui affectent la solidité de l'édifice, et le propriétaire qui a reçu les travaux ne peut se plaindre de ces vices par le seul danger qui le menace; il ne peut agir qu'autant que le préjudice s'est réalisé par la perte ou la détérioration de son édifice.

Les vices qui donnent lieu à la garantie peuvent être classés dans l'ordre suivant :

1° Vices du sol;

2° Vices des plans;

3° Vices des matériaux;

4° Vices de la main-d'œuvre;

5° Fautes dans la vérification des travaux et le règlement des mémoires.

Nous allons examiner successivement ces cinq natures différentes de vices dans les constructions.

Premièrement. — Vices du sol.

La responsabilité de l'entrepreneur pour les vices du sol est consacrée par ces termes de l'art. 1792 C. c. : « Si l'édifice périt par le vice de la construction, *même par le vice du sol*, etc. »

Le sol est fourni par le propriétaire, en conséquence la mauvaise qualité du sol en elle-même et le préjudice qu'elle peut occasionner devraient être à la charge du propriétaire, mais on doit considérer que le dommage est causé moins par le vice du sol que par la faute de l'entrepreneur, qui devait prévoir le danger et l'empêcher par des fondations plus solides; on n'a pas voulu que celui qui aurait fait des fondations insuffisantes pût s'excuser sur la mauvaise qualité du sol; c'était à lui à étudier la nature du terrain.

On peut poser à l'entrepreneur ce dilemme : ou vous avez prévu la mauvaise qualité du sol, et alors vous êtes coupable d'imprudence pour n'avoir pas donné plus de solidité aux fondations (C. c. 1383), ou vous n'avez pas prévu le vice du sol, et alors vous êtes coupable, soit de négligence pour n'avoir pas étudié la nature du terrain (C. c.,

1383), soit d'ignorance, pour n'avoir pas possédé la connaissance qu'exige votre profession, *imperitia culpæ adnumeratur* (Loi 132, D. de Regulis).

Si l'entrepreneur a prévu l'insuffisance de la fondation ou la mauvaise qualité du sol, et qu'il ait fait connaître ses craintes au propriétaire, continue-t-il à être garant ?

Arguments pour l'affirmative.

1° Voyez la discussion du projet du Code au conseil d'État. Le projet de la commission portait : « Si l'édifice donné à prix fait périt « par le vice du sol, l'architecte en est responsable, *à moins qu'il ne « prouve avoir fait au maître les représentations convenables pour le « dissuader de bâtir.* »

La section de législation du conseil d'État supprima cette exception.

M. Réal appuya la suppression en disant : « Il y a sur les construc- « tions des règles qu'il n'est pas permis au propriétaire lui-même « d'enfreindre : ce sont les règles de la police des bâtiments, telles « que celles qui déterminent l'épaisseur des murs; l'architecte, dans « ce cas, doit se refuser à la volonté du propriétaire. »

Le consul Cambacérès proposa de rétablir l'exception retranchée avec une modification basée sur la distinction suivante : « L'archi- « tecte sera dégagé de tous dommages-intérêts envers le propriétaire « ou ses héritiers, s'il parvient à prouver qu'il a fait des représenta- « tions, et que le propriétaire n'a pas voulu s'y rendre; cependant, « cette preuve ne l'exemptera pas de la peine que mérite la contra- « vention aux règlements de police, mais comme la faute est com- « mune, il faut que la punition le soit aussi, et qu'elle porte égale- « ment et sur l'architecte et sur le propriétaire. »

Treillard répondit : — « Il n'y a aucun inconvénient à être sévère « à l'égard de l'architecte, le propriétaire ne connaît pas les règles « de la construction, c'est à l'architecte à l'en instruire et à ne pas « s'en écarter par une complaisance condamnable. »

Tronchet proposa d'expliquer que l'architecte est responsable toutes les fois que les vices soit de construction soit du sol compromettent la solidité du bâtiment.

A la suite de cette discussion, la proposition de rétablir la rédaction de la commission fut rejetée.

2° De graves considérations rendent l'entrepreneur inexcusable : le propriétaire ne connaît pas les règles de la construction, il est à cet égard dans la position d'un mineur et incapable de transiger pour défaut de consentement éclairé, le propriétaire peut, à la rigueur, être présumé connaître les règlements de police d'après le principe *nemo legem ignorare censetur*, mais alors la transaction est nulle comme ayant une cause illicite.

3° La jurisprudence est fixée en ce sens : un arrêt de la Cour de Rouen du 30 novembre 1833, confirmé par arrêt de rejet du 10 février 1835 a déclaré l'entrepreneur responsable dans une espèce très-favorable ; il s'agissait de réparations à faire à une église. D'après un devis, l'entrepreneur, lors de la démolition des parties à réparer, avertit le maire qu'il croit prudent de rétablir le pilier qui porte la tour, le maire consulte le conseil municipal, qui décide que le pilier est suffisamment solide et ne sera pas réparé ; ce pilier s'affaisse et entraîne la chute de l'édifice, l'entrepreneur est déclaré responsable.

Arguments pour la négative.

1° Il faut distinguer entre la responsabilité envers le propriétaire et la responsabilité soit envers la société soit envers les personnes lésées. Le propriétaire ne peut alléguer son ignorance des règles de la construction quand il a été prévenu par un avertissement sérieux ; s'il persiste, il joint le discernement au fait coupable, et dès-lors la faute lui est commune avec l'entrepreneur, il ne peut donc plus s'en prévaloir sans être repoussé par l'exception : *Nemo auditur propriam turpitudinem allegans*. En donnant des ordres pour l'accomplissement d'un fait qu'il savait coupable, le propriétaire a implicitement renoncé à réclamer des dommages-intérêts, cette transaction est parfaitement

licite en ce qu'elle n'a pas pour objet le délit lui-même, mais seulement l'intérêt civil qui en résulte; l'article 2046 C. c. porte : On peut transiger sur l'intérêt civil qui résulte d'un délit; peu importe que la transaction ait précédé ou suivi le fait, elle peut intervenir soit sur une contestation née, soit sur une contestation à naître.

Mais la transaction faite avec le propriétaire n'empêche pas l'exercice de l'action publique pour violation de la loi (C. c., 2046. C. Inst. crim., 4). *Privatorum conventio juri publico non derogat.* Elle n'empêche pas non plus l'exercice de l'action civile qui appartient aux tiers, tels que locataires voisins pour réparations du préjudice qu'ils éprouvent. Les conventions n'ont d'effet qu'entre les parties contractantes; elles ne nuisent pas aux tiers (C. c., 1165);

2° La distinction ci-dessus établie entre les personnes à qui responsabilité est due, avait été faite par le consul Cambacérès dans la discussion ci-dessus rappelée; les autres orateurs paraissent s'être préoccupés uniquement de l'intérêt public et nullement de l'intérêt privé; ils n'ont pas décidé la question, puisqu'ils n'en ont vu qu'une face, et, en l'absence d'un texte de loi, il faut revenir aux principes généraux.

(Duranton, t. 17, no 255.)

La négative nous paraît préférable, mais nous devons avertir que la jurisprudence est fixée en sens contraire.

D'après les distinctions que nous venons d'adopter, les moyens de se soustraire à la garantie diffèrent selon la personne garantie.

1° A l'égard du propriétaire un avertissement suffit, mais nous pensons que cet avertissement et l'ordre contraire doivent être constatés par écrit pour prouver que l'avis était sérieux, et éviter toutes contestations, soit de mauvaise foi entre les parties, soit de bonne foi entre leurs héritiers (par argument de 1793, C. c.);

2° A l'égard de la société et des tiers, le seul moyen d'échapper à la garantie est de ne pas bâtir si le propriétaire persiste. Dans ce cas, lors même qu'il y aurait un marché fait, l'entrepreneur n'aurait pas à craindre les poursuites judiciaires du propriétaire, car bâtir sans solidité est un délit, et toute convention ayant une cause illicite est nulle (C. c., 1133).

Si le sol sur lequel on a construit était excavé, et que la chose ait péri par l'effet de l'excavation, il paraît convenable de distinguer s'il était possible ou impossible de prévoir l'existence de l'excavation.

Premièrement. — Si rien ne pouvait faire présumer l'existence de l'excavation, l'entrepreneur est-il responsable vis-à-vis du propriétaire? le propriétaire est-il responsable vis-à-vis des tiers?

A l'égard de l'entrepreneur, s'il prouve que rien ne pouvait faire présumer l'excavation, que sa connaissance aurait échappé aux recherches de l'homme le plus prévoyant, il prouve par cela même qu'il n'est pas en faute, car on ne peut lui reprocher de n'avoir pas prévu ce que personne n'aurait pu prévoir; dès lors, il échappe à toute responsabilité : il ne peut être actionné ni par le propriétaire *ex contractu*, ni par les tiers *ex delicto.*

A l'égard du propriétaire, il faut établir une distinction.

Vis-à-vis des tiers avec lesquels il n'a pas contracté, et qui le poursuivront *ex delicto*, il échappera à toute responsabilité en prouvant qu'il n'a pu prévoir le danger, car pour que 1382, C. c., soit applicable, il faut qu'il y ait à la fois *damnum et culpa.*

Vis-à-vis des tiers avec lesquels il a contracté des obligations à l'occasion de sa chose *puta :* ses acquéreurs, ses locataires, sa bonne foi, ne l'affranchissent pas de la garantie des vices cachés qu'il a ignorés, parce qu'alors il n'est pas garant, comme ayant causé un préjudice par sa faute, mais comme s'étant obligé à garantir ses cocontractants d'une éviction, soit de la propriété, soit de la jouissance; ce n'est pas une faute qu'on lui reproche, c'est un excès de prix (C. c., 1643 et 1721).

Deuxièmement. — Si l'existence de l'excavation était présumée, ou incertaine, ou s'il était facile de la prévoir, l'entrepreneur est-il responsable?

Dans ce cas l'entrepreneur est en faute, soit parce que, connais-

sant le vice, il n'a pas pris les mesures nécessaires pour en prévenir le danger, soit parce qu'ignorant le vice, il n'a pas fait les recherches nécessaires pour le reconnaître ; en conséquence, il est responsable envers le propriétaire *ex contractu*, et envers les tiers *ex delicto aut quasi-delicto*.

En vain prétendrait-il s'excuser sur l'étude qu'il a faite de la nature du terrain lui-même, il devait, en outre, examiner l'état des lieux environnants dont l'influence pouvait se faire sentir sur la stabilité du sol. Ainsi, le constructeur d'un puits est responsable, alors même qu'il est reconnu que les dégradations ne proviennent pas d'un vice de construction, mais de l'infiltration des eaux d'un canal public établi dans le voisinage, lorsque le puits a été creusé (Arrêt. Cour de Paris, 2 juillet 1828).

Quel moyen l'entrepreneur doit-il employer pour se soustraire à cette garantie?

Il faut ici faire application de la distinction ci-dessus établie, et décider que l'entrepreneur est déchargé de toute responsabilité vis-à-vis du propriétaire en prouvant qu'il l'a prévenu du danger, mais qu'il ne peut s'affranchir de la responsabilité, vis-à-vis des tiers, qu'en refusant d'exécuter les volontés du propriétaire.

Tout ce que nous venons de dire à l'égard de l'entrepreneur s'applique-t-il à l'architecte? et l'entrepreneur cesse-t-il d'être responsable lorsqu'il a suivi exactement les ordres de l'architecte? Ces deux questions nous paraissent plus convenablement placées sous le titre des vices des plans qui va suivre.

Deuxièmement. — Vices des plans.

Un bâtiment peut périr par vices des plans *puta* : trop grande portée, porte-à-faux, insuffisance de solidité des piles, murs, points d'appui, défauts de liaisons : ces plans peuvent avoir été dressés par un architecte ou par le propriétaire lui-même.

§ Ier.

Plans dressés par un architecte.

Lorsqu'un architecte a dressé les plans, est-il responsable de leurs vices?

Arguments pour la négative.

1° Il ne faut pas confondre l'architecte qui ne fait que diriger les travaux, avec l'entrepreneur qui se charge de les exécuter : l'un n'est que le mandataire du propriétaire, son conseil, ses plans ne sont que des projets; l'autre est le véritable contractant, qui s'oblige, par un marché, vis-à-vis du propriétaire; l'architecte ne peut être garant d'un contrat qu'il n'a pas signé; il ne fait qu'assister le propriétaire pour l'éclairer, au même titre qu'un avocat assiste un plaideur;

2° Si dans les art. 1792 et 2270 C. c., on trouve le mot *architecte*, cela vient de ce qu'on donne souvent ce titre aux entrepreneurs par abus de langage; on les qualifiait autrefois *architectes-entrepreneurs.* L'art. 2270, dans le projet du Code, parlait seulement de l'architecte; le mot entrepreneur fut ajouté sur l'observation du Tribunal que, dans beaucoup de lieux, le mot architecte était à peine connu, et le mot entrepreneur était le seul usité comme équivalent de celui d'architecte.

3° En s'engageant à exécuter les plans, l'entrepreneur se les est approprié; il s'est engagé à les exécuter avec la condition sous-entendue que la construction serait solide; alors seulement le projet a revêtu le caractère d'un contrat, dont l'entrepreneur seul a promis l'exécution.

Arguments pour l'affirmative.

1° Il intervient entre le propriétaire et l'architecte un véritable louage d'industrie : les art. 1792 et 1795 C. civil placent ce contrat sous le titre de louage d'ouvrage d'industrie. L'architecte étant payé

en proportion des talents qu'on lui suppose, il est juste qu'il soit responsable du tort qu'il peut occasionner par son ignorance, sa négligence ou son imprudence. Les conseils ne sont exempts de responsabilité qu'autant qu'ils sont gratuits; l'architecte peut sans doute s'assimiler à ces professions, qui reçoivent plutôt des honoraires qu'un salaire, mais cela n'empêche pas la responsabilité; il ne faut pas emprunter ces exemples au barreau ou à la médecine, dont l'objet est, de sa nature, incertain ou périssable, mais aux sciences exactes, comme les mathématiques; l'architecte fixe l'étendue du contrat à intervenir entre le propriétaire et l'entrepreneur; si la condition de solidité manque, il doit être assimilé au notaire qui aurait omis une formalité essentielle dans un acte;

2° 1792 et 2270, Code civil, déclarent expressément l'*architecte* responsable, et ces derniers mots de l'article 2270, *ouvrages qu'ils ont faits ou dirigés*, indiquent que la responsabilité s'applique aussi bien à ceux qui dirigent seulement les travaux, qu'à ceux qui les exécutent.

Nous n'hésitons pas à nous prononcer pour l'affirmative.

Ici vient notre distinction sur les moyens de se soustraire à la garantie : l'architecte ne pourra échapper à la responsabilité vis-à-vis du propriétaire, qu'en prouvant qu'il l'a prévenu du danger, à la responsabilité vis-à-vis des tiers, qu'en refusant ses services au propriétaire.

L'architecte est responsable des vices de ses plans, lors même qu'il n'est pas chargé de la direction des travaux et que l'ouvrage s'est exécuté, soit à l'entreprise, soit sous la direction du propriétaire, si toutefois les plans ont été suivis exactement (arrêt de cassation, 20 novembre 1817).

Mais alors l'architecte ne répond pas des vices qui ne sont pas la conséquence nécessaire de ses plans, par exemple il ne répond pas des vices du sol qu'il n'a pu étudier à l'avance; s'il a indiqué la profondeur des fondations, ce n'a été que dans l'hypothèse d'un sol ordinaire, c'était à la personne chargée de l'exécution à reconnaître l'état du sol avant d'y asseoir les fondations.

Examinons quelle est la position de l'entrepreneur dans cette hypothèse des plans dressés par un architecte.

Si l'entrepreneur a prévu des craintes sur l'exécution des plans fournis par l'architecte, s'il a fait part de ses craintes à l'architecte et que nonobstant la construction se soit faite, l'entrepreneur est-il responsable si elle périt?

L'architecte est le mandataire, le préposé du propriétaire pour diriger les constructions, en conséquence l'avertissement donné à l'architecte, est considéré comme donné au propriétaire lui-même, il en résulte, par les motifs ci-dessus exposés, que l'entrepreneur est déchargé de toute responsabilité vis-à-vis du propriétaire, mais il ne peut échapper à la responsabilité vis-à-vis des tiers qu'en refusant de bâtir.

Faut-il aller plus loin et décider que si la chose périt par vices des plans, par exemple : insuffisance d'épaisseur des murs, faiblesse ou trop grand écartement du point d'appui, l'entrepreneur n'est pas responsable par cela seul qu'il a exécuté scrupuleusement les plans donnés?

Arguments pour la négative.

1° La loi ne distingue pas, elle dit d'une manière générale que les entrepreneurs et architectes sont responsables des vices de construction (Code civil, 1772 et 2270),

2° Le propriétaire en prenant un architecte, a entendu se donner une garantie de plus, mais il n'a pas voulu décharger l'entrepreneur de la responsabilité légale;

3° Merlin (*Répertoire V. bâtiment*) dit : « En vain pour s'exempter « de la garantie, le maçon ou le charpentier offrirait de justifier que « son ouvrage est conforme aux plans et devis, il ne serait pas écouté, « la raison en est que tout plan et devis doit s'exécuter selon les rè-

« gles que l'art a établies relativement à la solidité qu'il convient de « donner à un bâtiment. »

4° La jurisprudence est fixée en ce sens, un arrêt de la Cour de Rennes, confirmé par un arrêt de rejet, Cour de cass. 11 mars 1839, donne pour motifs : « Que l'entrepreneur ayant eu connaissance des « plans et devis, se les avait appropriés en se soumettant sans réserves « ni réclamations aucunes à les exécuter. »

Arguments pour l'affirmative :

1° La composition des plans a précédé le marché de l'entrepreneur, elle a servi de base à ce marché, mais elle n'en a pas été le produit, elle a fait l'objet d'un contrat de louage séparé avec l'architecte, l'entrepreneur ne peut donc être garant envers le propriétaire *ex contractu ;*

2° L'entrepreneur ne peut pas davantage être garant *ex delicto aut quasi delicto*, le propriétaire ne peut lui reprocher de ne l'avoir pas prévenu du danger, car dès le moment qu'un architecte était chargé de représenter le propriétaire dans la direction des travaux, l'entrepreneur ne s'est plus trouvé en présence d'une personne qu'il devait présumer peu instruite dans les règles de la construction, mais au contraire d'une personne qu'il devait présumer plus instruite que lui-même, et qui était son supérieur dans la hiérarchie des constructeurs, il ne pouvait pas se permettre de contrôler les actes d'une personne aux ordres de laquelle il était soumis, et s'il avait des doutes sur la solidité de la construction, il devait penser que l'erreur était de son côté et non du côté de l'architecte;

3° L'arrêt de rejet du 11 mars 1839, est intervenu dans l'espèce suivante : Il est fait adjudication d'un pont, à construire sur la Vilaine, le pont s'écroule au moment ou il est pris d'être terminé, d'une part les plans et devis offrent toutes les garanties désirables, ils ont été jugés exécutables, tant par une commission des gens de l'art choisis à Rennes, que par le conseil supérieur des ponts-et-chaussées : d'autre part l'exécution des plans a été d'une fidélité scrupuleuse, elle s'est faite sous la surveillance de l'architecte de la ville, tout y a été observé exactement, jusqu'à la composition des mortiers; dans cette position personne n'étant en faute, l'accident devait être assimilé à un cas fortuit, aussi la Cour de Rennes mit la perte à la charge de l'entrepreneur attendu, est-il dit dans son premier considérant, qu'il s'était obligé à fournir tous les matériaux, d'où la conséquence que les matériaux étaient sa propriété tant que le pont n'était ni achevé, ni livré, c'est sans doute ce considérant et non celui sus rappelé, qui a déterminé l'arrêt de rejet du pourvoi en cassation.

Nous croyons devoir adopter l'affirmative; mais nous le répétons, si l'architecte représente le propriétaire, vis-à-vis de l'entrepreneur, il ne représente pas les tiers, l'entrepreneur ne peut s'excuser à leur égard sur ce qu'il n'a fait qu'exécuter les ordres de l'architecte, car en faisant sciemment une construction qui pouvait nuire à la sécurité publique, il a commis un délit contre les devoirs de sa profession, et peu importe que le délit ait été ou n'ait pas été commandé par un tiers.

§ II.

Plans dressés par le propriétaire.

Lorsque le propriétaire dresse lui-même le plan et dirige les travaux, soit par but d'économie, soit qu'il ait ou croie avoir quelque connaissance dans l'art de bâtir, l'entrepreneur est-il responsable s'il ne prévient pas le propriétaire du danger?

L'entrepreneur doit être beaucoup plus circonspect quand il ne trouve plus entre le propriétaire et lui, un homme de l'art auquel le propriétaire a confié ses intérêts, il doit craindre que le propriétaire ne s'abuse sur ses connaissances dans l'art de bâtir ou qu'il se laisse trop préoccuper par des vues d'économie. Le propriétaire met sa confiance dans les talents de l'entrepreneur, il est censé ne donner ses ordres qu'avec cette condition sous-entendue, que la construction sera conforme aux règles de l'art. Si donc il y a incompatibilité entre la condition de bâtir solidement et le plan présenté par le proprié-

taire, l'entrepreneur doit le prévenir; si le propriétaire persiste dans l'existence de son plan, il est présumé avoir fait son choix entre deux choses alternatives, et par conséquent avoir déchargé l'entrepreneur de l'obligation de bâtir solidement quant à l'objet dont s'agit, mais cette espèce de pacte entre le propriétaire et l'entrepreneur ne peut être opposée au tiers.

Si le propriétaire était lui-même architecte ou entrepreneur de profession et dirigeait les travaux exécutés pour son compte par un entrepreneur, les tribunaux pourraient, attendu la circonstance particulière, jugeant que l'entrepreneur a pu sans imprudence se soumettre à la volonté du propriétaire, déclarer l'entrepreneur non responsable (arrêt C. cass., 4 juillet 1838).

§ III.

Inexactitude dans l'exécution des plans.

L'entrepreneur exécute les travaux soit sur des plans et devis donnés par écrit avant les travaux, soit sur des ordres donnés verbalement par l'architecte ou le propriétaire.

S'il n'a été dressé ni plans ni devis, l'entrepreneur est présumé avoir suivi avec fidélité les ordres qui lui ont été donnés verbalement, sauf la preuve contraire.

S'il a été dressé des plans et devis et qu'il y ait été dérogé, l'entrepreneur est présumé l'avoir fait sans autorisation, et il n'est admis à combattre cette présomption que par une preuve écrite.

Cette distinction résulte de l'article 1793 Code civil, ainsi conçu : « Lorsqu'un architecte ou un entrepreneur s'est chargé de la construction à forfait d'un bâtiment d'après un plan arrêté et convenu « avec le propriétaire du sol, il ne peut demander aucune augmentation de prix ni sous le prétexte d'augmentation de la main-d'œuvre ou des matériaux, ni sous celui de changements ou d'augmentations faits sur ce plan, si ces changements ou augmentations « n'ont pas été autorisés par écrit, et le prix convenu avec le propriétaire. »

Cet article contient deux prescriptions différentes contre l'entrepreneur : 1° prohibition de faire aucun changement aux plans sans autorisation écrite; 2° prohibition de réclamer aucune augmentation de prix sans convention spéciale, soit écrite, soit verbale; la loi n'exige pas, pour cette seconde condition, une preuve écrite.

Ces principes paraissent avoir été empruntés aux dispositions suivantes du droit romain : *Lege facta, domus facienda locata erat, ita ut probatio aut improbatio locatoris aut hæredis ejus esset : redemptor, ex voluntate locatoris quædam in opere permutaverat? Respondi, opus quidem ex lege dicta non videri factum, sed quoniam ex voluntate locatoris permutatum esset redemptorem absolvi debere* (Loi 60, § 3. D. locati conduct).

Pretextu minoris pensionis, locatione facta, si nullus dolus adversarii probari possit rescendi locatio non potest (Loi 23 D. eodem).

A cet égard, des difficultés se sont élevées dans la pratique et ont reçu une solution dans la jurisprudence.

Si les changements au plan n'ont pas été autorisés par écrit, il y a, aux termes de l'art. 1793, une présomption légale qui exclut toute preuve contraire; en conséquence, si l'entrepreneur demande l'interrogatoire du propriétaire sur faits et articles à l'effet de constater que les changements ont été réellement convenus, cette demande doit être rejetée (arrêt C. de Douai, 20 avril 1831).

Si le propriétaire a annoté de sa main les nouveaux plans indiquant les changements, s'il a lui-même surveillé les travaux sans réclamation, ces faits prouvent suffisamment qu'il a consenti aux changements, et il ne doit être admis à s'en plaindre, mais, à défaut de nouvelle convention relative au prix, il ne doit être alloué à l'entrepreneur que le prix primitivement fixé (arrêt C. cass., 16 août 1826).

Si des travaux publics sont adjugés au rabais sur plans et devis qui indiquent la dimension des constructions en profondeur et en élévation, et fixe la quotité et la qualité des matériaux, et si dans cette espèce une circonstance imprévue nécessite l'emploi d'une plus grande quantité de matériaux et des travaux extraordinaires, par

exemple si on rencontre un sol noyé, et qu'il y ait nécessité de bâtir sur pilotis, l'entrepreneur doit être indemnisé de cette augmentation de travail et de fournitures : le motif, c'est qu'une adjudication ainsi faite doit être considérée comme un marché pour la livraison de telle quantité d'ouvrage, et non comme un marché à forfait pour la construction d'un édifice, quel que soit le travail qu'il exige ; l'entrepreneur a nécessairement réglé ses offres sur la quantité de mètres de chaque espèce de matériaux déterminés par le devis, l'administration ne peut se prévaloir d'une erreur qui vient de son propre fait, puisque le devis qui renferme cette erreur est l'ouvrage de son architecte (arrêt C. de Poitiers, 11 avril 1823).

Avant de quitter cet article sur les vices des plans, nous devons avertir les propriétaires qu'il ne faut pas confondre avec les vices des plans l'insuccès d'un procédé mécanique appliqué à une industrie : par exemple si un ingénieur mécanicien a construit pour un propriétaire une machine hydraulique dont l'effet n'a pas produit l'amélioration espérée, bien que la machine soit confectionnée d'après les règles de l'art et utilise la force motrice des cours d'eau, l'ingénieur n'est pas responsable de ce résultat, lors même qu'il aurait partagé les espérances d'amélioration conçues par le propriétaire : le motif, c'est que l'ingénieur ne connaît que ses machines ; il a fait tout ce qu'on devait attendre de lui quand il leur a donné toute la solidité et toute la puissance possibles, mais il n'entre pas dans les connaissances de sa profession de savoir quel sera le résultat de cette force appliquée à une industrie quelconque (arrêt C. de Douai, 17 novembre 1841).

Troisièmement. — Vices des matériaux.

Les vices des matériaux peuvent être absolus, intrinsèques et inhérents à la chose, ou bien être seulement relatifs, extrinsèques, et provenant d'un mauvais emploi.

A l'égard des vices intrinsèques. — La responsabilité varie selon que les matériaux ont été fournis par un marchand, ou par l'entrepreneur, ou par le propriétaire.

Première hypothèse. — Matériaux fournis par un marchand.

Il faut, dans cette hypothèse, établir une distinction entre les vices apparents et les vices cachés.

Le marchand n'est responsable que dans les limites déterminées par les art. 1641 à 1647 C. c., au titre de la vente, car son contrat est un contrat de vente ; en conséquence :

Il ne répond pas des vices apparents dont l'acheteur a pu se convaincre lui-même, il ne répond que des vices cachés (C. civil, 1641, 1642).

Il est tenu des vices cachés, soient qu'ils aient occasionné la perte de la chose, soient qu'ils la rendent impropre à l'usage auquel on la destinait, en diminuant tellement cet usage que l'acheteur ne l'aurait pas acquise ou n'en aurait donné qu'un moindre prix s'il les avait connus : dans le cas de perte, l'acheteur peut demander la restitution du prix; dans le cas de simple détérioration, il peut à son choix rendre la chose et se faire restituer le prix, ou garder la chose et se faire rendre une partie du prix telle qu'elle sera arbitrée par experts (C. c., 1647, 1641, 1644).

Le marchand répond des vices cachés, soit qu'il les ait ignorés, soit qu'il les ait connus ; mais s'il a ignoré les vices, il n'est tenu que de la restitution du prix et des frais occasionnés par la vente ; si au contraire il connaissait les vices, il est tenu, outre la restitution du prix, à tous dommages-intérêts envers l'acheteur (C. c., 1643, 1645, 1646).

Au contraire, celui qui aurait été chargé d'acheter les matériaux par un mandat écrit ou verbal du propriétaire, serait responsable dans les limites fixées par les art. 1991 et suiv. C. civil, au titre du mandat ; en conséquence :

Il répondrait des vices apparents dont il aurait pu se convaincre lui-même, et ne répondrait pas des vices cachés dont il n'aurait pu avoir connaissance.

A son égard les cas de responsabilité correspondent aux cas de faute, les cas de faute sont plus ou moins étendus, suivant les connaissances que l'on doit supposer au mandataire d'après sa profession et suivant les soins que l'on devait attendre de lui, selon que le mandat était gratuit ou salarié (Code cicil, 1992).

Deuxième hypothèse. — Matériaux fournis par l'entrepreneur :

Pour déterminer l'étendue de la responsabilité de l'entrepreneur qui fournit les matériaux, il faut examiner si le contrat est alors une vente ou un louage : *Conductor operis*, il serait tenu de tous les vices soit apparents, soit cachés, *venditor* il ne serait tenu que des vices cachés.

La loi 20 D. *de contrahendâ emptione*, rapporte cette réponse du jurisconsulte Sabinus : *Si quam rem nobis fieri velimus veluti statuam, seu vestem ut nihil aliud quàm pecuniam daremus emptionem videri nec posse ullam locationem esse, ubi corpus ipsum non detur ab eo cui id fieret, aliter si aream darem ubi insulam ædificares, quoniam tunc a me substantia profiscicitur.*

Pothier (*Traité du louage*) rappelle ainsi cette distinction : « Le « marché que j'ai fait avec un entrepreneur, pour qu'il me construise « une maison, ne laisse pas d'être un contrat de louage, quoique par « notre marché il doivent fournir les matériaux, parceque le terrain « que je fournis pour y construire la maison, est ce qu'il y a de « principal dans une maison ; *ædificium solo cœdit.* »

Dans le projet du Code civil, l'article 1711 portait seulement *le devis est un louage*, on ajouta, sur la proposition de M. Renault de Saint Jean d'Angely, *lorsque la matière est fournie par celui pour qui l'ouvrage se fait.*

L'article 1787 portait *in finc : Dans le premier cas c'est un louage, dans le deuxième c'est une vente d'une chose une fois faite.* Le tribunal proposa de supprimer ces deux alinéas, comme étant de pure doctrine et n'ayant nullement le caractère d'une disposition législative.

M. Mouricault disait sur cet article : lorsque l'ouvrier fournit la matière, le contrat se rapproche de la vente, puisque c'est la chose entière, matière et travail réunis, que l'ouvrier s'est engagé à fournir au prix convenu; si au contraire l'ouvrier n'a fourni que son travail ou même des matériaux, si la chose principale est fournie par le maître, comme lorsqu'un entrepreneur s'est engagé à bâtir une maison sur le terrain du maître, c'est un véritable bail d'ouvrage (Fenet T. 14 p. 340).

De ce préambule historique il résulte qu'en tout temps l'entreprise d'une maison a été considérée comme un bail, lors même que l'entrepreneur fournit les matériaux, parceque le sol est considéré comme la matière principale.

Mais quand il s'agit d'un objet mobilier tel qu'un navire, les jurisconsultes ne sont plus d'accord, ceux-ci voient dans le contrat une vente, ceux-là un louage, d'autres un mélange de vente et de louage.

A cet égard nous ne pensons pas qu'il faille s'attacher uniquement à la circonstance de la fourniture des matériaux, par le maître ou par l'ouvrier, ainsi que cette distinction paraît être établie par l'article 1711, Code civil. Nous croyons devoir adopter la distinction trouvée par M. Duvergier (*Traité du louage*, n° 335), d'après laquelle lorsque l'ouvrier fournit la matière, il y a vente ou louage suivant que l'objet est confectionné ou à confectionner. Lorsque nous acquérons une chose toute faite, le marché conclu est indissoluble, au contraire lorsque nous chargeons quelqu'un de faire une chose de sa profession, le marché peut être résolu soit par notre volonté tant que l'ouvrage n'est pas achevé (Code civil, 1794), soit par la mort de l'ouvrier (Code civil, 1795); à ces différents caractères, il est facile de reconnaître que le contrat dans le premier cas est une vente, et dans le deuxième un louage.

Nous dirons donc d'une manière générale, que le contrat relatif à une construction, est toujours un louage, parceque toujours il a pour objet une chose à faire, et nous ne distinguerons pas si la matière est fournie par le maître ou par l'ouvrier; s'il s'agit d'un meuble ou d'un immeuble, la conséquence de cette qualification du contrat est de rendre le constructeur responsable de tous les vices

apparents ou cachés, il répond des vices apparents parceque le choix des matériaux lui a été confié, il répond des vices cachés parce qu'il ne doit pas s'enrichir aux dépens d'autrui en vendant une chose sans valeur.

Troisième hypothèse. — Matériaux fournis par le propriétaire.

Le propriétaire peut fournir les matériaux, soit qu'il tire les matériaux de ses carrières et de ses bois, soit qu'il les achète de marchands, soit qu'il tire parti de vieux matériaux provenant de démolition, il est évident que dans ce cas le constructeur ne peut être responsable des vices intrinsèques des matériaux, mais seulement des vices d'emploi.

A l'égard des vices intrinsèques ou en d'autres termes des vices d'emploi des matériaux, la responsabilité de l'entrepreneur varie suivant la présence ou l'absence d'un architecte.

S'il y a un architecte l'entrepreneur est-il responsable de l'emploi des matériaux lorsque cet emploi a été autorisé par l'architecte ou par un de ses agents?

Par les motifs ci-dessus détaillés et que nous croyons inutile de rappeler, l'architecte est seul responsable si l'entrepreneur prouve qu'à l'égard du fait reproché, il a suivi exactement ses ordres lors même qu'il ne l'aurait pas prévenu du danger; toutefois, comme le choix des matériaux à employer rentre plus particulièrement dans les fonctions de l'entrepreneur que dans celles de l'architecte, nous pensons que pour éviter toute discussion, l'entrepreneur agira prudemment en se faisant donner un ordre écrit quand il aura des doutes sur l'emploi des matériaux, soit que ces matériaux, mauvais par eux-mêmes, ne puissent servir aucunement, soit que bons par eux-mêmes ils ne puissent servir à une destination insolite.

Si l'entrepreneur fournissant les matériaux, ces matériaux étaient hors d'état de service par leur mauvaise qualité, et que néanmoins l'architecte en eût autorisé l'emploi, dans ce cas la question se complique par le concours de deux responsabilités : la responsabilité de l'entrepreneur qui a fourni de mauvais matériaux, et la responsabilité de l'architecte qui a autorisé l'emploi de mauvais matériaux ; dans cette position, on peut se demander si la responsabilité pèse à la fois sur l'entrepreneur et l'architecte, et si, en cas d'affirmative, elle est solidaire entre eux ou se divise dans une proportion qui puisse être déterminée?

Pour répondre à cette question, il faut distinguer les rapports de l'architecte et de l'entrepreneur entre eux.

1° Dans les rapports de l'architecte et de l'entrepreneur avec le propriétaire, nous trouvons ici un architecte qui a engagé ses services, et qui n'a pas bien surveillé les travaux ; là, un entrepreneur qui s'est obligé à fournir des matériaux, et qui en a fourni de mauvais : il y a donc deux personnes différentes qui ont formé deux contrats différents, et qui les ont violé par des actes différents ; la conséquence est que le propriétaire a deux actions différentes, et comme la totalité du dommage résulte aussi bien de la faute de l'architecte que de la faute de l'entrepreneur, il peut réclamer à chacun d'eux la totalité des dommages-intérêts ; seulement lorsqu'il aura obtenu réparation complète de l'un des contrevenants, il ne pourra plus rien réclamer contre l'autre, parce que la double contravention ne peut devenir pour lui une occasion de bénéfice.

Mais si l'architecte et l'entrepreneur sont tenus *in solidum* vis-à-vis du propriétaire, il faut remarquer qu'ils ne sont cependant pas co-débiteurs, puisqu'ils n'ont pas formé un même contrat ; leurs dettes sont différentes, bien qu'elles se confondent dans leur objet ; cette solidarité résulte de la nature des choses, et non d'un pacte social : elle n'établit aucun lien de droit entre les délinquants ; ainsi, la demande formée contre l'un d'eux n'aurait aucun effet contre l'autre, soit quant à l'interruption de la prescription, soit quant au départ des intérêts ; les articles 1206 et 1207, C. c., sont ici inapplicables ;

2° Dans les rapports de l'architecte et de l'entrepreneur entre eux, la faute de l'entrepreneur qui a fourni de mauvais matériaux a précédé la faute de l'architecte qui en a autorisé l'emploi ; la faute de l'entrepreneur est donc la faute de l'architecte, et, par suite de la

responsabilité à laquelle ce dernier est exposé, c'est sur l'entrepreneur que pesait l'obligation principale de fournir de bons matériaux; l'architecte ne s'est, en quelque sorte, que porté caution vis-à-vis du propriétaire de l'exécution de cette obligation; l'entrepreneur ne peut se prévaloir de ce que ses actes n'ont pas été suffisamment surveillés par l'architecte; enfin, la responsabilité de l'entrepreneur, dans cette espèce, s'applique à tous les vices, soit apparents, soit cachés, tandis que la responsabilité de l'architecte ne s'applique qu'aux vices apparents; l'un a donc plus d'étendue que l'autre, et l'absorbe entièrement. De ces observations, il résulte que l'entrepreneur poursuivi devra payer sans recours la totalité des dommages-intérêts, et qu'au contraire l'architecte, s'il est poursuivi seul, pourra appeler l'entrepreneur en garantie, et, s'il est condamné, pourra agir en recours contre l'entrepreneur, de manière qu'en dernière analyse, l'entrepreneur supportera toujours seul la totalité des dommages-intérêts; nous devons avertir l'architecte qu'un appel en garantie pendant l'instance sera toujours plus prudent qu'un recours postérieur à la condamnation, afin d'éviter les frais et les lenteurs d'un circuit d'actions, et d'écarter l'exception fondée sur ce qu'il ne se serait pas bien défendu vis-à-vis du propriétaire.

S'il n'y a pas d'architecte et que le propriétaire, dans un but d'économie, prescrive à l'entrepreneur l'emploi de matériaux d'une qualité inférieure, l'entrepreneur est-il responsable?

Les principes que nous avons ci-dessus établis nous donnent la solution de cette question: à l'égard du propriétaire, si l'entrepreneur ne l'a pas prévenu du danger, il est responsable, s'il l'a prévenu du danger et qu'il en fournisse la preuve écrite, il cesse d'être responsable; mais à l'égard des tiers, l'entrepreneur est responsable; dans tous les cas, il ne peut échapper à la responsabilité qu'en refusant de bâtir.

Dans tous les cas, qu'il s'agisse de vices intrinsèques ou extrinsèques, le constructeur qui ne fournit pas les matériaux ne peut être responsable que des vices intrinsèques apparents ou des vices extrinsèques qu'il était facile de prévoir; ainsi le constructeur ne sera pas responsable d'avoir employé des pierres mauvaises, si elles avaient toutes les apparences d'une bonne qualité; de même il ne sera pas responsable d'avoir employé des tuyaux de zinc dans un établissement de bains, si l'opinion commune, à l'époque des travaux, plaçait le zinc au nombre des métaux les plus propres à la confection de tuyaux destinés à la conduite des eaux, et si l'impropriété du zinc à une telle destination n'a été reconnue que plus tard par l'expérience (arrêt C. de Toulouse, 19 février 1836).

En résumé :

Celui qui n'est que fournisseur des matériaux ne répond que des vices intrinsèques et cachés.

Celui qui n'est que constructeur ne répond que des vices intrinsèques apparents et des vices extrinsèques qu'il était facile de prévoir.

Celui qui est à la fois fournisseur et constructeur répond des vices intrinsèques apparents ou cachés et des vices extrinsèques qu'il était facile de prévoir.

Quatrièmement. — Vices de la main-d'œuvre.

Nous allons considérer les vices de la main-d'œuvre à l'égard de l'entrepreneur et à l'égard de l'architecte.

A l'égard de l'entrepreneur, il contracte toujours avec cette condition sous-entendue qu'il exécutera les travaux suivant les règles de l'art; l'exécution des travaux est la principale de ses attributions; c'est la fonction la plus inhérente à sa profession, et par conséquent c'est la partie où ses fautes sont le moins excusables.

Peu importe, relativement aux vices de main-d'œuvre, que l'entre preneur ait travaillé sous les ordres d'un architecte ou sous les ordres du propriétaire, si, quand il s'agissait de la composition des plans, de l'examen du sol et du choix des matériaux, l'entrepreneur devait présumer l'architecte plus instruit que lui-même, et par conséquent

était dispensé de le prévenir du danger; il n'en est pas de même quand il s'agit de la main-d'œuvre, cette partie appartient plus spécialement à l'entrepreneur, il doit avoir acquis à cet égard des connaissances pratiques, il doit donc, sur ce point, croire l'architecte moins instruit que lui-même, et si l'architecte lui prescrit des procédés nouveaux sur lesquels il ait des doutes, il doit le prévenir avec tous les égards dus à la suprématie de l'architecte, et il ne sera déchargé de la responsabilité qu'en prouvant que l'architecte, duement averti, a persisté dans ses volontés.

A l'égard de l'architecte, l'exécution des travaux n'entre pas dans ses attributions personnelles; il ne s'est engagé qu'à surveiller les opérations de l'entrepreneur pour prévenir les fautes ou les fraudes; il n'est pas tenu comme l'entrepreneur d'être continuellement dans le chantier et de surveiller chacun des ouvriers dans chacun de ses actes, il doit seulement faire au chantier des visites plus ou moins fréquentes, selon l'importance des travaux, et surveiller l'opération dans son ensemble; il cesse d'être responsable s'il a mis tous les soins qu'il est d'usage d'attendre d'un architecte, et si on n'a trompé sa vigilance que par ruse, par exemple, si on s'est caché ou si on a profité de son absence momentanée pour exécuter une construction cachée dont il n'a pu ensuite apercevoir le vice.

Pour les vices de main-d'œuvre comme pour les vices d'emploi de matériaux, l'architecte et l'entrepreneur sont tenus *in solidum* pour tous les dommages-intérêts vis-à-vis du propriétaire, mais dans leurs rapports entre eux l'entrepreneur doit indemniser l'architecte qui n'est en quelque sorte que sa caution.

Nous examinerons plus tard quelle est la responsabilité des ouvriers pour les vices de main-d'œuvre.

Cinquièmement. — Fautes dans la vérification des travaux et le règlement des mémoires.

Après la confection des travaux l'architecte peut être chargé :

1° De vérifier les travaux quant à leur bonne exécution ;

2° De vérifier les quantités de matériaux et de main-d'œuvre ;

3° De régler le prix du mémoire présenté par l'entrepreneur.

Quelquefois l'architecte est chargé d'une seule de ces opérations, quelquefois de toutes trois.

1° La vérification des travaux quant à leur bonne exécution a une grande importance : à l'égard des menus travaux, elle décharge l'ouvrier de toute responsabilité ; à l'égard des gros travaux, elle ne décharge pas l'ouvrier de la garantie contre le défaut de solidité, mais elle établit cependant une présomption de bonne exécution, et cette présomption suffit pour qu'à défaut de conventions contraires le constructeur puisse à l'instant exiger son paiement intégral.

Si l'architecte chargé de la vérification des travaux n'avait pas signalé des vices apparents, que l'entrepreneur eût été payé sur son approbation, que plus tard ces vices eussent occasionné la ruine totale ou partielle de l'édifice, et que l'entrepreneur fût insolvable, la responsabilité de l'architecte ne serait pas douteuse, car c'est lui qui aurait rendu le préjudice irréparable, en ne prévenant pas le propriétaire en temps utile.

Si la mission de l'architecte n'avait pas eu pour but de vérifier la bonne exécution des travaux, mais seulement de constater *grosso modo* leur état d'avancement pour motiver les paiements à-compte, et si cet architecte n'avait pris d'ailleurs aucune part à la construction, soit par la composition des plans, soit par la direction des travaux, il ne serait nullement responsable de la solidité des travaux (arrêt C. cass., 18 décembre 1839).

Si un architecte avait dirigé les travaux, si néanmoins le propriétaire avait payé sans son approbation, et que plus tard il se manifestât des vices, l'architecte pourrait opposer au propriétaire cette exception : en payant sans mon consentement, vous m'avez privé des moyens d'exercer utilement mon recours contre l'entrepreneur dans le cas où il aurait trompé ma vigilance, je ne suis donc plus votre garant (argument par analogie de 2037 C. c.).

2° La vérification des quantités fournies est faite, à Paris, par des toiseurs-vérificateurs, qui en font exclusivement profession ; ils sont choisis par l'architecte, considérés comme ses préposés, et dès lors il est responsable de leurs actes (arg. de 1797 C. c.).

La vérification après les travaux ne peut évidemment s'appliquer qu'aux ouvrages apparents ; à l'égard des ouvrages cachés, tels que les murs en fondation, et à l'égard de certains ouvrages qui s'estiment au poids, tels que les fournitures de gros fers, il est indispensable d'en faire la vérification pendant l'exécution des travaux, ces vérifications partielles sont constatées sur des bulletins signés de l'architecte, et qu'on appelle *attachements*, parce qu'ils doivent être rattachés au mémoire général comme des éléments de la vérification totale.

Les inexactitudes dans la vérification peuvent être le résultat de l'erreur ou du dol.

S'il y a erreur matérielle, soit dans le mesurage, soit dans le calcul, il y a lieu à une rectification et au paiement de ce qui a été payé en moins, ou à la restitution de ce qui a été payé en trop (C. c., 1376, 2058 et C. de procéd., 544).

S'il y a eu dol, l'inexactitude doit, à plus forte raison, être réparée, et, en outre, il peut y avoir lieu à des dommages-intérêts ;

3° Les fautes dans le règlement du mémoire de l'entrepreneur peuvent nuire au propriétaire ou à l'entrepreneur, selon que les évaluations sont supérieures ou inférieures aux prix courants ; elles peuvent avoir pour cause une erreur involontaire ou un dol.

L'architecte est responsable envers le propriétaire, *ex contractu*, comme s'étant chargé de veiller à ses intérêts, et, ayant mal accompli son mandat, il est responsable avec l'entrepreneur *ex delicto aut quasi delicto*, comme lui ayant causé un dommage par sa faute ; l'architecte ne peut opposer à l'entrepreneur qu'il ne s'était pas chargé de veiller à ses intérêts, mais seulement aux intérêts du propriétaire, et que l'entrepreneur, étant lui-même homme de l'art, a dû connaître les prix courants ; l'entrepreneur ne doit pas être victime de sa confiance dans l'architecte, qu'il devait présumer plus instruit que lui-même. Toutefois, ces considérations ne doivent pas être sans influence sur l'étendue de la responsabilité; nous pensons donc que l'architecte serait tenu vis-à-vis du propriétaire des fautes même légères, et vis-à-vis de l'entrepreneur seulement des fautes lourdes.

L'architecte est responsable, non-seulement de son dol, mais même d'une erreur involontaire, *imperitia culpæ adnumeratur ;* toutefois, sa responsabilité varie dans ces deux cas conformément aux articles 1150 et 1151, C. c.

A l'égard de ceux qui ont profité de la faute,

Dans le cas de simple erreur, ils ne sont tenus à restitution qu'autant qu'il s'agit d'une erreur matérielle, par exemple d'une faute de calcul; ils ne sont tenus à aucune restitution s'il s'agit d'une erreur intellectuelle, par exemple d'une irrégularité dans la fixation du prix, la convention par laquelle l'entrepreneur a consenti à recevoir, et le propriétaire à payer le prix fixé par l'architecte, est une véritable transaction; or, les transactions ne peuvent être attaquées pour cause d'erreur de droit ou par cause de lésion (C. c.. 2052, 2058).

Dans le cas de dol, ceux qui en ont profité sciemment sont tenus à restitution dans toutes les circonstances; ils ne peuvent opposer l'irrévocabilité des transactions : le dol est une cause de rescision dans tous les contrats, sans en excepter la transaction (C. c., 2053).

§ IV.

Qui doit faire preuve des vices.

Des principes différents s'appliquent à la preuve des vices selon que ces vices sont antérieurs ou postérieurs à la réception des travaux.

Avant la réception des travaux, soit que l'ouvrier fournisse lui-même les matériaux, soit qu'il les ait reçus du propriétaire, il est débiteur d'un objet confectionné qu'il doit livrer au propriétaire; s'il se prétend libéré de cette obligation par un évènement quelconque, c'est à lui à prouver le fait qui le libère (Code civil, 1302).

Ainsi avant la réception des travaux, la présomption est que la perte ou la détérioration provient de la faute de l'entrepreneur, le propriétaire n'a rien à prouver, la présomption est en sa faveur; en conséquence :

Si l'entrepreneur fournit à la fois la matière et la main-d'œuvre et que la chose vienne à périr, il ne peut réclamer le prix des matériaux et de son travail, qu'en prouvant que la perte ne provient pas de sa faute et provient au contraire de la faute soit du propriétaire, soit de son architecte, par exemple en prouvant que la perte provient d'un vice des plans, il ne lui suffira pas de prouver qu'il n'est pas en faute, car jusqu'à la livraison il est responsable non seulement de sa faute mais encore de cas fortuit.

C'est dans ce sens restreint qu'il faut interpréter ces termes de l'article 1788, Code civil : *Si la chose vient à périr de quelque manière que ce soit la perte en est pour l'ouvrier.* 1788 correspond à la fois à 1789, qui suppose le cas de faute de l'ouvrier et à 1790 qui suppose le cas fortuit, l'expression *de quelque manière que ce soit* signifie donc : soit par la faute de l'ouvrier, soit par cas fortuit, et ne comprend pas le cas de faute du propriétaire qui est excepté dans 1788 comme dans 1790.

Si l'entrepreneur ne fournit que la main-d'œuvre et que la chose vienne à périr, il ne peut réclamer le prix de son travail qu'en prouvant que l'objet confectionné a péri par la faute du propriétaire ou par un vice *caché* de la matière qu'il a fournie.

Je dis *vice caché* bien que l'article 1790 emploie cette expression générale *par le vice de la matière*, cette distinction me paraît nécessitée par l'obligation où se trouve l'entrepreneur de prévenir le propriétaire des vices apparents ; si la distinction n'a pas été faite dans la loi, le motif est que 1790 ne s'applique pas aux ouvrages de construction en particulier, mais à tous les ouvrages quelconques.

Dans le même cas l'entrepreneur ne peut s'affranchir de payer au propriétaire la valeur des matériaux qu'il a reçus qu'en prouvant que la perte ne provient pas de sa faute.

Après la réception des travaux la position des parties change: l'entrepreneur s'est libéré de ses dettes par la livraison de l'objet confectionné, la réception des travaux en fait présumer la bonne exécution jusqu'à preuve contraire, c'est au propriétaire qui se prétend créancier à prouver le vice qu'il allègue comme ceux de sa créance (Code civil, 1315, arrêt de Bourges, 10 mars 1837).

Ainsi après la réception des travaux, la présomption est que la perte ou la détérioration provient de vétusté ou d'un cas de force majeure, l'entrepreneur n'a rien à prouver, la présomption est en sa faveur.

M. de Villeneuve établit la distinction suivante : 1792 s'applique à un édifice neuf et établit une présomption de faute contre l'architecte, de sorte qu'alors ce n'est pas au propriétaire à prouver la faute, mais à l'architecte à prouver le cas fortuit : — 2270 s'applique aux gros ouvrages, aux grosses réparations, alors c'est au propriétaire à prouver la faute. — Cette distinction est fort ingénieuse, mais elle n'est pas dans la loi.

M. Duvergier (T. du louage, n° 356), après avoir reconnu le principe qui met la preuve à la charge du propriétaire, propose cette exception. « Néanmoins, si un bâtiment périt sans qu'aucun évènement « de force majeure connu et déterminé ait entraîné sa ruine, il est « évident que c'est un vice de construction qui en a occasionné la « perte, et l'architecte doit être déclaré responsable, mais ce n'est « point parce qu'il y a une présomption légale de faute établie contre « lui, c'est parce que la nature même des choses démontre qu'il y « a eu négligence ou impéritie. »

Cette doctrine ne nous paraît pas fondée si on ne peut découvrir la cause de la perte, si on ne peut déterminer ni un vice de construction ni un cas fortuit; dans le doute, il faut interpréter en faveur du débiteur, l'entrepreneur ne peut être responsable pour n'avoir pas prévu un vice que personne ne peut découvrir et que personne par conséquent n'aurait pu prévoir. Dans la vente ou le louage des choses, c'est la propriété ou la jouissance d'une chose qui est l'objet du contrat, on conçoit qu'alors le vendeur ou le bailleur soient res-

ponsables même des vices qu'ils n'ont pu prévoir; dans le louage d'industrie, au contraire, l'objet du contrat consiste dans les services et travaux, si donc l'ouvrier a exécuté les travaux avec tout le soin possible, il échappe à toute responsabilité.

Nous venons de constater l'influence de la réception des travaux sur l'étendue de la responsabilité, il est donc important d'en préciser l'époque.

La réception des travaux est amiable ou judiciaire.

La réception amiable est expresse ou tacite; la réception expresse résulte d'une mention mise par l'architecte ou le propriétaire sur le mémoire de l'entrepreneur, la réception tacite résulte du paiement intégral fait par le propriétaire ou même de la simple prise de possession par le propriétaire ou les siens.

La réception judiciaire a lieu par jugement rendu sur rapport d'experts, et comme tout jugement doit remonter, quant à ses effets, au jour de la demande, la simple mise en demeure du propriétaire pour vérifier les travaux, met les risques postérieurs à sa charge comme le ferait un jugement de réception (C. c. 1788 et 1790).

S'il s'agit d'un ouvrage à plusieurs pièces ou à la mesure, la vérification *peut* s'en faire par partie (C. c. 1791). Cette expression *peut* ne doit pas être interprétée en ce sens que la vérification partielle est facultative pour le propriétaire, mais bien pour l'ouvrier, 1792 est évidemment conçu dans un esprit favorable à l'ouvrier. Il lui permet d'exiger la vérification pour s'excuser de la responsabilité dès qu'une partie des travaux est terminée.

La loi romaine (loi 30, § III D. *Locati conducti*) se sert de l'expression impérative *apertere*, elle est conçue en ces termes : *Qui ædem faciendam locaverat, in lege dixerat: quo ad in opus lapidis (opus) erit, pro lapide et manu pretio Dominus redemptori in pedes singulos septem dabit : quæsitum est, utrum factum opus, an etiam imperfectum, metiri opporteret? Respondit etiam imperfectum.*

La vérification partielle est censée faite pour toutes les parties payées: si le maître paye l'ouvrier en proportion de l'ouvrage fait

(Code civil, 1791) il ne faut pas confondre cette expression *en proportion de l'ouvrage* avec celle *en considération de l'ouvrage fait*, la vérification n'est censée faite qu'autant qu'il y a eu un règlement définitif du prix et un paiement complet, il n'en serait pas de même d'une évaluation approximative des ouvrages faits et de paiements à-compte faits sur cette évaluation sauf règlement ultérieur.

§ V.

Personnes responsables.

Les personnes qui peuvent être responsables des vices de construction sont :

1° Le propriétaire ;
2° L'architecte ;
3° Le fournisseur de matériaux ;
4° L'entrepreneur général ;
5° Les entrepreneurs particuliers ;
6° Les chefs d'ateliers ;
7° Les ouvriers ;
8° Les apprentis.

Déjà en examinant sous le paragraphe troisième, quels sont les vices qui donnent lieu à la garantie, nous avons été amenés à parler des personnes responsables, mais souvent les rôles des entrepreneurs se confondent dans une même personne, souvent aussi plusieurs personnes sont responsables d'un même fait, souvent enfin une personne est responsable des faits d'une autre, il nous reste donc à examiner :

La responsabilité en cas de réunion de plusieurs rôles sur un même titre.

La responsabilité de plusieurs personnes pour un même fait ;

Et la responsabilité d'une personne pour le fait d'un tiers.

Premièrement. — Responsabilité en cas de réunion de plusieurs rôles sur une même tête.

Le propriétaire peut remplir le rôle d'un architecte, composer les

plans et diriger les travaux, il peut aussi comme le marchand fournir les matériaux aux ouvriers, il peut enfin comme l'entrepreneur, entreprendre une construction, même la faire sur son terrain et pour son compte personnel.

L'entrepreneur peut également réunir en sa personne plusieurs qualités, il peut bâtir sur son terrain pour le compte d'autrui, il peut composer les plans et diriger les travaux, il peut enfin fournir les matériaux; il réunit ainsi sur sa tête la qualité d'entrepreneur avec les qualités de propriétaire, d'architecte et de fournisseur.

Toutes ces espèces différentes paraissent devoir être régies par ce principe général : celui qui réunit plusieurs rôles en sa personne réunit aussi sur sa tête les responsabilités afférentes à chacun de ces rôles.

Toutefois nous devons rappeler l'exception que nous avons faite à ce principe, dans le cas où le propriétaire remplit les fonctions d'architecte sans en exercer la profession ; nous avons pensé que, dans ce cas, l'entrepreneur doit agir avec plus de circonspection que lorsqu'il est en présence d'un véritable architecte, et nous lui avons imposé l'obligation de prévenir le propriétaire si ses plans étaient vicieux.

Dans le cas où l'entrepreneur bâtit sur son terrain pour le compte d'autrui, on peut se demander si le contrat est une vente ou un louage; l'intérêt de cette question consiste en ce que le vendeur ne garantit que les vices cachés, et n'est tenu qu'à la restitution de tout ou partie du prix, si on ne prouve pas qu'il connaissait les vices (C. c., 1641, 1642, 1645 et 1646), tandis que l'entrepreneur garantit tous les vices apparents ou cachés, et est tenu de réparer tout le dommage souffert, soit par le propriétaire, soit par les tiers, sans pouvoir alléguer sa bonne foi.

Pour répondre à cette question, il suffit de rappeler le principe que nous avons ci-dessus adopté, d'après lequel la distinction entre la vente et le louage ne réside pas dans la circonstance des matériaux fournis par le maître ou l'ouvrier, mais bien dans la circonstance des objets faits ou à faire ; il en résulte que, dans cette espèce, le contrat est un louage, et si on avait encore des doutes à cet égard, il suffirait de se demander si ce contrat serait résilié par la volonté du maître ou par la mort de l'entrepreneur, pour y reconnaître les caractères du louage.

Dans le cas où le propriétaire entreprend une construction pour son compte sur son terrain, et ensuite vend le bâtiment neuf, on peut encore se demander s'il est responsable vis-à-vis de son acquéreur comme vendeur ou comme entrepreneur, et dans ce cas la question paraît plus difficile à résoudre.

Arguments pour responsabilité de vendeurs.

1° Le contrat intervenu entre les parties n'est pas un louage, mais une vente ; il doit donc être interprété d'après les dispositions législatives qui régissent la vente ;

2° Dans le contrat dont s'agit, comme dans tout contrat de vente, la convention a eu pour objet une chose présente, accomplie, l'acquéreur a pu l'examiner dans toutes ses parties ; il n'a mis sa confiance que dans ses connaissances personnelles ; il n'a nullement traité en considération des talents du vendeur, mais bien des qualités visibles de la chose vendue ; enfin il a été parfaitement libre de prendre la chose ou de la laisser ;

3° Dans le louage d'industrie, à la différence de la vente, la convention a pour objet une chose future à faire ; le maître ne peut l'examiner d'avance : il met sa confiance dans les talents et la probité de l'entrepreneur ; il considère moins la fourniture de la matière que l'industrie comme objet principal du contrat ; enfin, lorsque les travaux sont exécutés, il n'est plus parfaitement libre de prendre ou de laisser l'ouvrage, puisqu'il s'est incorporé à son sol.

Arguments pour responsabilité de l'entrepreneur.

1° Il y a dans le constructeur deux qualités : vendeur et entrepreneur. Le constructeur a perdu la qualité de propriétaire par la vente,

mais il a conservé celle d'entrepreneur, et dès lors il est tenu à la garantie; en achetant un bâtiment neuf, l'acquéreur est présumé avoir voulu être garanti des vices de construction, soit par la subrogation des droits de son vendeur contre le constructeur, soit par un recours possible contre son vendeur, s'il est lui-même constructeur;

2° Acheter des terrains, y bâtir et revendre est un mode d'opération dont beaucoup de personnes font aujourd'hui une profession spéciale; dans ce cas, les vices de construction sont plus à craindre que dans toute autre circonstance: d'abord parce qu'aucun architecte ne surveille l'entrepreneur qui bâtit pour son compte, et ensuite parce que ceux qui font des bâtiments, commerce et marchandise sacrifient souvent les règles de l'art à leur intérêt; la sanction légale ne doit pas manquer précisément là où les fraudes à la loi sont le le plus à craindre.

Nous pensons sur cette question qu'il y a lieu d'appliquer la responsabilité d'entrepreneur; mais nous devons avertir que la jurisprudence et les auteurs se prononcent en sens contraire (Duranton, t. 17, n° 255. Troplong, t. 3, n° 1015).

Deuxièmement. — Responsabilité de plusieurs personnes pour un même fait.

La responsabilité de plusieurs personnes pour un même fait peut être considérée :

1° Dans les rapports de l'architecte avec l'entrepreneur;

2° Dans les rapports de plusieurs entrepreneurs entre eux;

3° Dans les rapports de plusieurs ouvriers entre eux.

Rapport de l'architecte avec l'entrepreneur.

Les articles 1792 et 2270, C. c., déclarent d'une manière générale *l'architecte et l'entrepreneur* responsables des vices de construction sans aucune distinction; cependant, si on considère les différentes espèces de vices, on voit que les uns dérivent d'un fait personnel à l'architecte, et les autres d'un fait personnel à l'entrepreneur ; chacun d'eux a ses attributions spéciales : dresser les plans et devis, étudier la nature du sol, vérifier les mémoires, sont des actes qui appartiennent aux fonctions de l'architecte ; fournir de bons matériaux, les travailler selon les règles de l'art, sont des obligations personnelles à l'entrepreneur.

De cette distinction naît la question suivante :

Lorsque les vices dont on se plaint sont du fait seul de l'architecte, l'entrepreneur est-il responsable de la solvabilité de l'architecte à l'égard du propriétaire, *et vice versâ*, lorsque les vices dérivent de la responsabilité spéciale de l'entrepreneur, l'architecte est-il garant de la solvabilité de l'entrepreneur envers le propriétaire ?

1° Lorsque les vices dont on se plaint sont du fait de l'architecte, sans que l'entrepreneur y ait aucunement participé, par exemple un vice des plans, nous ne trouvons aucune cause de responsabilité contre l'entrepreneur ; il n'était pas chargé de surveiller les actes de l'architecte, il devait présumer l'architecte plus instruit que lui-même, il lui était soumis dans la hiérarchie des constructeurs ; dans cette position, critiquer le travail de l'architecte, aurait été à la fois téméraire et inconvenant ;

2° Lorsque les vices dérivent de la responsabilité spéciale de l'entrepreneur, l'architecte et l'entrepreneur sont responsables vis-à-vis du propriétaire, l'un pour avoir mal surveillé, l'autre pour avoir manqué aux règles de sa profession, et comme chacun d'eux a violé un contrat différent par une faute différente, chacun d'eux est tenu des dommages-intérêts *in solidum*, mais, dans leurs rapports entre eux, la distinction entre l'obligé principal et la caution réapparaît, et l'architecte a son recours contre l'entrepreneur s'il est solvable; il en résulte que, dans ce cas, l'architecte est garant de la solvabilité de l'entrepreneur envers le propriétaire.

Rapports de plusieurs entrepreneurs entre eux.

Si, dans un bâtiment neuf, un entrepreneur n'exécute que partie d'une construction, et qu'un autre entrepreneur achève cette cons-

truction, le premier est-il responsable de la partie qu'il a exécutée?

Il faut distinguer s'il y a seulement changement d'entrepreneur, ou s'il y a eu en même temps changement de plans.

Dans le cas où l'entrepreneur seul est changé, les plans restant les mêmes, le premier entrepreneur ou ses héritiers ne sont responsables que des vices qui se manifesteraient dans la partie qu'il a exécutée, s'il n'a cessé les travaux que par la volonté du propriétaire ou par décès (C. c., 1794, 1795); ils sont responsables même des vices des travaux exécutés par le second entrepreneur, si, le premier ayant cessé les travaux sans motifs légitimes, le propriétaire s'est fait autoriser par justice à passer marché avec un autre et à faire continuer les travaux à ses risques et périls (C. c., 1144).

Dans le cas où il y a en même temps changement d'entrepreneur et changement dans les plans, le premier entrepreneur, quelle que soit la cause de la cessation de ses fonctions, et lors même que le vice se manifeste dans ses travaux, échappe à la responsabilité; il la fait retomber tout entière sur le second entrepreneur, s'il prouve que le vice provient d'une surcharge occasionnée par la surélévation du premier plan ou de porte-à-faux créés par les changements apportés dans la distribution; pour éviter cette responsabilité, le second entrepreneur agira prudemment en consultant le premier entrepreneur sur les suites de la construction et se faisant donner son approbation écrite.

Si, lorsqu'une construction est en partie ou entièrement exécutée, on pratique dans les murs des ouvertures et on opère des changements de nature à déformer ou décomposer la chose faite, l'entrepreneur est-il passible des conséquences de ces ouvertures ou changements?

Il faut distinguer si ces changements sont faits par le premier entrepreneur ou par un nouvel entrepreneur.

Si les changements sont faits par le premier entrepreneur, il en est responsable comme des premiers travaux, dans le cas où les premiers travaux auraient été exécutés sur le plan d'un architecte et les seconds travaux sans architecte, l'architecte pourrait prétendre que ses plans ont été viciés par les changements opérés par l'entrepreneur seul et rejeter toute la responsabilité sur ce dernier.

Si les changements sont faits par un nouvel entrepreneur, le premier entrepreneur échappera à toute responsabilité en prouvant que les changements ont pu créer des surcharges et des porte-à-faux qui ont occasionné la ruine de ses travaux; le nouvel entrepreneur est responsable, non-seulement de ses propres travaux, mais encore du préjudice qu'ils peuvent causer aux autres constructions; il devait étudier les anciennes constructions, s'assurer de leur solidité et de leurs points d'appui.

Rapports de plusieurs ouvriers entre eux.

L'art. 1799 C. c. porte : « Les maçons, charpentiers et autres ouvriers qui font directement des marchés à prix fait, sont entrepreneurs dans la partie qu'ils traitent. »

En conséquence ils sont, chacun en ce qui le concerne, soumis aux mêmes règles et à la même responsabilité qu'un entrepreneur général; l'étendue de leur responsabilité varie également selon qu'ils sont sous la direction d'un architecte ou sous la direction du propriétaire.

Si un vice se manifeste, la responsabilité s'applique-t-elle à un seul des entrepreneurs particuliers, ou se divise-t-elle entre les entrepreneurs concourant à la construction? est-elle solidaire ou individuelle?

Si on peut prouver que le vice de construction se trouve uniquement dans telle nature de travaux, par exemple dans la maçonnerie ou dans la charpente, l'entrepreneur de cette espèce de travaux sera seul responsable, non-seulement de la perte de ses propres travaux, mais encore de la perte des travaux des autres; ceux-ci ne seront pas garants de la solvabilité du délinquant, car ils n'ont pas été chargés de le surveiller; ils ne seront pas même responsables de la perte de leurs propres ouvrages, car ils ne sont pas tenus d'avoir les

connaissances nécessaires pour étudier dans d'autres travaux les vices qui pourraient nuire à leurs propres travaux ; le charpentier n'est pas tenu de savoir ce que peut porter un mur, ni le maçon ce que peut porter une poutre : chacun d'eux n'est présumé avoir que les connaissances de sa spécialité.

Si on ne peut prouver que le vice de construction se trouve dans telle espèce de travaux, ou qu'il ne se trouve pas dans telle espèce de travaux, la question devient dans ce cas plus délicate.

Arguments pour responsabilité.

1° L'article 1799 déclare les ouvriers qui travaillent à prix fait entrepreneurs dans la partie qu'ils traitent; ils doivent donc veiller à tout ce qui peut intéresser la solidité de leur ouvrage; de même qu'un entrepreneur qui veut surélever une maison doit étudier la solidité des étages actuels, de même le charpentier qui veut élever une charpente doit étudier la solidité des murs qui lui servent de soutien. C'est ainsi que les entrepreneurs particuliers doivent se contrôler l'un l'autre, afin que leur ouvrage puisse former un tout homogène, autrement le propriétaire n'aurait aucune garantie contre les vices d'ensemble, et plusieurs entrepreneurs particuliers n'équivaudraient pas à un entrepreneur général;

2° L'article 1734, C. c., est ainsi conçu : « S'il y a plusieurs locataires, tous sont solidairement responsables de l'incendie, à moins « qu'ils ne prouvent que l'incendie a commencé dans l'habitation de « l'un d'eux, auquel cas celui-là seul en est tenu, ou que quelques- « uns ne prouvent que l'incendie n'a pu commencer chez eux, auquel cas ceux-là n'en sont pas tenus. » Cet article a une grande analogie avec l'espèce qui nous occupe, car le marché de construction est aussi un louage.

Arguments contre responsabilité.

1° Il faut peser ces expressions de l'article 1799 : *dans la partie qu'ils traitent*, l'entrepreneur général est présumé avoir des connaissances générales sur toutes les natures de travaux ; l'entrepreneur spécial n'est présumé avoir que les connaissances nécessaires à sa spécialité, il ne peut contrôler des travaux d'une autre nature si le propriétaire reste sans garantie pour les vices d'ensemble, c'est sa faute, il devait prendre un architecte qui aurait veillé à l'harmonie des diverses espèces de travaux.

2° La solidarité ne se présume pas (C. c., 1202); l'article 1734 est une exception à tous les princ'pes commandés par la nécessité de prévenir un fléau; l'article 1735 qui précède établit lui-même une différence entre l'incendie et le vice de construction; en cas d'incendie, la faute se présume; en cas de vice de construction, la faute se prouve.

Nous pensons, mais avec quelques doutes, que dans cette espèce les entrepreneurs particuliers ne sont pas responsables.

Si une construction périt par défaut de retenue ou de liaison des fers, soit qu'il y ait mauvaise combinaison, soit qu'il y ait insuffisance, l'architecte est-il responsable, ou bien la responsabilité s'applique-t-elle à un ou plusieurs des entrepreneurs concourant à la construction ?

Dans cette espèce trois personnes peuvent être en faute, savoir : 1° l'architecte ; 2° l'entrepreneur spécial aux travaux duquel les fers ont été appliqués ; 3° le serrurier.

A l'égard de l'architecte, il est responsable dans tous les cas, soit qu'il s'agisse de relier des travaux d'une nature différente, soit qu'il s'agisse d'assembler des travaux d'une même nature, mais dans le premier cas il est responsable sans aucuns recours, parceque mettre de l'accord dans l'ensemble des travaux était une de ses obligations personnelles, dans le second cas au contraire il peut exercer un recours contre l'entrepreneur particulier, parceque donner de la solidité à ses propres travaux est une obligation personnelle à chaque entrepreneur, l'architecte alors n'est responsable que comme ayant mal surveillé, si toutefois il n'a pas donné des ordres spéciaux pour le fait dont s'agit, car dans ce cas il en aurait assumé sur lui toute la responsabilité.

A l'égard de l'entrepreneur particulier, aux travaux duquel les fers ont été appliqués; si ces fers avaient pour objet de relier ses travaux à d'autres travaux d'une nature différente, par exemple, un mur avec une charpente, l'entrepreneur spécial n'est pas responsable parce qu'il n'a pas à s'occuper de l'ensemble du bâtiment, il est présumé ne bien connaître que sa partie; si au contraire les fers avaient pour objet d'assembler entre eux des travaux de même nature, par exemple des solives avec une poutre, l'entrepreneur spécial est responsable, parce qu'il doit veiller à la solidité de ses propres travaux, il doit connaître les fers qui sont un accessoire indispensable de ses travaux, et dont il fait un emploi journalier.

A l'égard du serrurier, l'article 1799, Code civil, paraît obliger le serrurier à la garantie puisqu'il le place dans la même catégorie que le maçon et le charpentier, mais nous pensons qu'il y a lieu d'établir une distinction entre un travail principal rentrant dans les attributions de la serrurerie et un travail accessoire appliqué à un autre travail pour lui donner une solidité suffisante.

S'il s'agit d'un travail principal rentrant dans les attributions de la serrurerie, par exemple une charpente en fer, le serrurier est sans aucun doute garant de la solidité de son propre travail, si toutefois il a l'entreprise et la conduite de ce travail, car s'il n'avait fait ce travail que d'après les ordres d'un entrepreneur général il ne pourrait être assimilé lui-mêne à un entrepreneur, et ne devrait être considéré que comme un simple fournisseur de fer exempt de toute responsabilité; si par exemple un serrurier avait fourni à l'entrepreneur d'un pont les fers nécessaires à sa construction, il ne serait pas responsable de la chute du pont, provenant même de la mauvaise qualité des fers, s'il était constaté que ces fers étaient de l'espèce et de la qualité qui avaient été demandées par l'entrepreneur (arrêt Cour cass. 18 décembre 1839).

Si au contraire il s'agit d'un travail accessoire appliqué à un autre travail pour lui donner une solidité suffisante, le serrurier, dans ce cas, ne peut être responsable du travail d'un autre pour ne l'avoir pas suffisamment consolidé, il n'est pas présumé connaître des travaux qui lui sont étrangers, il n'a pas les connaissances nécessaires pour étudier les parties faibles et préciser à quelle place un soutien doit être placé et quelle force il doit avoir ; il ne fait alors què suivre comme un simple ouvrier les ordres qu'il reçoit des divers entrepreneurs qui sont responsables de la solidité de leurs travaux, et il échappe à toute responsabilité s'il a fidèlement observé les ordres qu'il a reçus.

Troisièmement. — Responsabilité d'une personne pour le fait d'un tiers.

L'article 1797 Code civil porte : « L'entrepreneur répond du fait « des personnes qu'il emploie. » Cette responsabilité est fondée sur la considération que les ouvriers sont choisis par l'entrepreneur et n'obéissent qu'à ses ordres ; le propriétaire ou l'architecte ne peuvent rien commander directement aux ouvriers, ils doivent toujours s'adresser à l'entrepreneur qui seul a autorité sur les ouvriers, parce qu'ils n'ont engagé leurs services que vis-à-vis de lui ; et s'il se manifeste un vice de main-d'œuvre, le propriétaire n'a à cet égard aucune action directe contre les ouvriers qui sont les auteurs du vice, parce qu'ils n'ont pas contracté avec lui et ne doivent compte de leur travail qu'à celui qui les a employés.

La responsabilité pour le fait d'une autre personne peut aussi s'appliquer aux ouvriers entre eux, selon leur rang dans la hiérarchie des constructions, ainsi :

Le commis préposé par l'entrepreneur à la direction des travaux est responsable des faits de tous les ouvriers qu'il est chargé de surveiller.

Le chef d'atelier est responsable du fait des compagnons qu'il a sous ces ordres.

Le maître est responsable du fait de son apprenti (C. c. 1384).

Les personnes responsables pour le fait d'un tiers ont-elles une action en garantie ou en recours contre le délinquant?

A cet égard, il faut distinguer s'il y a eu dol ou simple faute.

Dans le cas de dol, le recours en garantie contre le délinquant a

toujours lieu, et si le maître ne peut obtenir la réparation pécuniaire faute de facultés, il peut poursuivre l'application de la loi pénale.

Dans le cas de simple faute, il faut examiner si le fait peut être imputé à faute à l'ouvrier, eu égard aux connaissances que sa qualité suppose; ainsi l'agent général est présumé connaître tout l'ensemble d'une construction, le chef d'atelier est présumé connaître seulement l'ensemble des travaux qui concernent sa spécialité, le compagnon n'est présumé connaître que l'exécution matérielle de la partie des travaux de sa profession à laquelle il est affecté, enfin l'apprenti est présumé ignorer encore les règles de l'exécution matérielle plus ou moins complètement, selon son temps d'apprentissage; chacun d'eux peut être déclaré responsable s'il n'a pas donné à son travail les soins et l'intelligence dont il était susceptible.

Il existe entre l'entrepreneur et les ouvriers, quel que soit leur rang, cette différence que l'entrepreneur est responsable de toute faute, même de la faute d'ignorance, parce qu'il s'est obligé, par son contrat avec le propriétaire, à livrer tel ouvrage bien conditionné, tandis que les ouvriers ne sont responsables que de leur négligence ou de leur perte de temps, parce qu'ils ne se sont obligés par le même contrat avec l'entrepreneur, qu'à travailler avec soin pendant un certain temps.

L'agent général et le chef d'atelier exercent des fonctions qui supposent des connaissances sur l'ensemble d'une construction, et par conséquent sur la solidité qui résulte de l'harmonie de toutes ses parties; cependant ils ne restent pas garants de la solidité des travaux après leur exécution; l'entrepreneur en les payant a reconnu qu'ils avaient donné des soins convenables aux travaux, et dès lors ils sont libérés de toute responsabilité; s'ils ont commis des fautes d'ignorance qui se découvrent plus tard, l'entrepreneur doit s'imputer à faute personnelle de leur avoir confié un poste qu'ils n'étaient pas capables d'occuper.

A l'égard du simple ouvrier et de l'apprenti, ils louent plutôt leurs bras que leur intelligence; ils ne sont présumé connaître que la partie matérielle du travail sans pouvoir en apprécier l'ensemble; ils ne peuvent donc être responsables de la solidité de leurs travaux, ils ne peuvent être tenus à garantie que pour une perte de temps ou pour des matériaux avariés par leur négligence. Cette responsabilité donne rarement lieu à une action judiciaire, d'abord parce que l'intérêt est ordinairement très minime, les ouvriers étant toujours surveillés, et ensuite parce que la poursuite serait aussi inhumaine qu'inutile, les ouvriers ne possédant que leurs bras. Dans la pratique, la sanction de l'inobservation du contrat consiste dans la retenue des salaires proportionnellement au temps mal employé ; l'obligation de défaire et de reconstruire l'ouvrage vicieux, enfin, dans les cas les plus graves, l'expulsion de l'atelier.

§ VI.

Durée de la responsabilité.

Il est important de distinguer la durée de la garantie elle-même, et la durée de l'action en garantie.

Premièrement. — Durée de la garantie.

A l'égard des menus ouvrages, les ouvriers ne sont garants des vices de construction ou mal-façons que jusqu'à la réception de leurs ouvrages; cette réception les décharge de toute responsabilité pour l'avenir.

Pour ces travaux, l'ancien droit avait fixé la durée de la garantie à trois ans, et plus tard à un an après leur réception : cette garantie a été abrogée, nous en avons pour preuves :

1° La discussion du Code civil au Conseil d'État, dans laquelle on trouve ces paroles de M. Bérenger : « On peut facilement vérifier si « un meuble est conditionné comme il doit l'être; ainsi, dès qu'il « est reçu, il est juste que l'ouvrier soit déchargé de toute respon- « sabilité; mais il n'en est pas de même d'un édifice; »

2° Le silence du Code à l'égard de ces travaux. On ne compren-

drait pas qu'à défaut de dispositions spéciales, la garantie des menus travaux ne fût prescrite que pour trente ans, tandis que la garantie des gros travaux se prescrit pour dix ans.

A l'égard des gros ouvrages, la durée de la garantie est de dix ans; la réception à l'égard des gros travaux n'établit qu'une simple présomption de solidité : telle est la disposition formelle des articles 1792 et 2270 du Code civ.

Le droit romain (loi 8, code *Operibus publicis*) fixait à quinze ans la durée de la garantie en ces termes : *Omnes, quibus, vel cura mandata fuerit operum publicorum, vel pecunia ad extructionem solito more credita usque ad annos quinde uni, ab opere perfecto cum suis heredibus teneantur obnoxii : ita ut si quid vitii in ædificatione intra præstitutum tempus pervenerit, de eorum patrimonio (exceptis tamen hic casibus, qui sunt fortuiti) reformetur.*

Le droit du moyen-âge réduisit cette garantie à dix ans pour les ouvrages en pierre, et six ans pour les ouvrages en terre.

Régulièrement le temps de garantie devrait courir du jour de l'achèvement des travaux, puisque dès lors l'épreuve par le temps commence; cependant la jurisprudence a adopté le jour de la réception des travaux; les motifs sont qu'il serait souvent difficile de prouver le moment précis de l'achèvement des travaux, et que l'ouvrage n'est censé achevé vis-à-vis du propriétaire que du jour où il est reçu; nous pensons néanmoins que, s'il existait un écrit émané du propriétaire établissant le jour de l'achèvement des travaux, la prescription devrait courir à partir de ce jour.

Les auteurs sont unanimes pour reconnaître que ce délai de dix ans court même contre les mineurs : ce n'est pas une prescription qu'un propriétaire diligent pourrait arrêter; dès lors la règle *contra non valentem agere non currit prescriptio* n'est pas applicable en faveur du mineur. C'est un temps d'épreuve qui court, que le propriétaire soit actif ou négligent, qu'il soit majeur ou mineur; dix années sans détérioration valent pour l'entrepreneur libération : si on l'attaque pour des années postérieures, il peut repousser la demande, non pas seulement par une fin de non-recevoir, mais par la preuve du fait qui établit sa libération et lui vaut quittance.

Si un entrepreneur qui exécute partie d'une construction est arrêté par le propriétaire, et qu'ensuite cette construction soit reprise et achevée par le même entrepreneur, soit pour le même propriétaire, soit pour un propriétaire différent, de quelle époque le délai de garantie doit-il être compté?

La solution de cette question dépend de l'état des travaux lors de leur interruption.

Si les travaux déjà exécutés lors de l'interruption pouvaient être considérés comme une construction entière, si, par exemple, on avait déjà élevé à sa hauteur l'aîle d'un bâtiment, le délai de garantie pour ces premiers travaux courrait du jour de leur achèvement, et le délai de garantie pour les nouveaux travaux courrait également du jour de leur achèvement; les deux constructions seraient régies isolément quant à la garantie, bien qu'elles eussent été destinées à ne former qu'un tout homogène.

Si au contraire les travaux déjà exécutés lors de l'interruption ne formaient que les éléments d'une construction inachevée, si par exemple ils étaient à peine sortis de terre, la garantie de la totalité de l'édifice ne courrait que du jour de son achèvement, car c'est alors seulement que les murs ont été mis à l'épreuve de la charge qu'il devaient supporter, la question paraît plus douteuse si les premiers travaux étaient déjà élevés de plusieurs étages, mais si nous déclarons responsable pour la totalité de l'édifice celui qui surélève un bâtiment vieux et bâti par un autre, nous devons *à fortiori* déclarer responsable pour la totalité celui qui surélève une construction neuve bâtie par lui-même, et ce dans la prévision de l'élévation donnée ultérieurement.

Lorsque les dix ans d'épreuve se sont accomplis sans qu'aucun vice se soit manifesté, il est évident que le constructeur est complètement libéré; si on découvre des vices ultérieurement, ils sont présumés provenir soit de vétusté, soit de cause accidentelle, et c'est là une

présomption légale qui n'admet pas la preuve contraire (Code civil, 1352).

Mais lorsque des détériorations se sont manifestées pendant les dix ans, et que de nouvelles détériorations apparaissent postérieurement, on peut se demander si le propriétaire sera admis à prouver que les nouvelles détériorations sont encore la conséquence des vices découverts dans les dix ans?

Ce qui fait naître le doute, c'est que le bâtiment n'a réellement pas résisté au temps d'épreuve, d'où on peut conclure que le constructeur n'est pas libéré, c'est en outre qu'il ne serait pas juste que le propriétaire souffrît sans indemnité les conséquences d'un vice légalement constaté.

Mais nous croyons trouver les motifs de décider dans ces considérations : d'une part admettre que dans ce cas l'entrepreneur n'est pas libéré après les dix ans, ce serait le soumettre à une responsabilité indéfinie, et l'exposer à être souvent déclaré garant d'un préjudice résultant de vétusté, car la loi elle même suppose qu'après dix ans les effets de la vétusté peuvent commencer à se faire sentir; d'autre part le propriétaire sera complètement indemnisé, car lorsque les tribunaux ont évalué le préjudice résultant du vice manifesté pendant les dix ans, ils ont dû comprendre dans leur estimation non seulement la détérioration actuelle, mais encore la détérioration future qui se manifesterait vraisemblablement après les dix ans comme une conséquence de vice; si cette détérioration n'existait pas matériellement, la prévision suffirait pour déprécier l'immeuble, il en résulterait donc pour le propriétaire un préjudice actuel, dont il devrait être dès lors indemnisé.

Deuxièmement. — Durée de l'action en garantie.

A l'égard des mêmes travaux, leur réception est une fin de non recevoir contre l'action en garantie puisqu'elle fait preuve complète de leur bonne exécution, en conséquence la durée de la garantie et la durée de l'action se confondent et expirent également à la réception des travaux.

A l'égard des gros travaux qui sont soumis à la garantie décennale après leur réception, la durée de l'action en garantie a soulevé de graves débats entre la doctrine et la jurisprudence; trois systèmes se présentent :

Premier système (arrêt, Cour de Paris, 15 novembre 1836).

1° 1792 et 2270 Code civil, fixent un même délai de dix ans pour la durée de la garantie et de l'action en garantie, de même que 1648, Code civil, fixe un même délai à l'égard des vices cachés des choses vendues; la durée de la garantie et la durée de l'action se confondent;

2° Les dix ans sont un délai préfix après lequel le législateur veut qu'aucune action ne soit recevable : le motif est d'une part l'intérêt de l'entrepreneur et de ses héritiers, il est équitable que l'entrepreneur qui s'est peut-être retiré des affaires, ou ses héritiers qui sont peut-être étrangers aux constructions, obtiennent une sécurité parfaite après un certain délai; d'autre part l'intérêt des tiers qui ont pu traiter avec l'entrepreneur ou ses héritiers; il est juste que les tiers n'aient pas toujours à redouter le contre-coup d'un recours en garantie pour d'anciennes constructions;

3° Il importe que l'action elle-même soit intentée pendant le temps de garantie, parce qu'autrement il serait impossible de savoir si la cause de l'action ne s'est pas manifestée postérieurement au délai de garantie et en supposant que la cause soit survenue dans le délai légal, il serait impossible de savoir exactement quel était son état à l'expiration du délai, de combien la détérioration s'est augmentée depuis;

4° Il y a en faveur de l'entrepreneur même motif de décider qu'en faveur du tuteur qui est affranchi de toute action après dix ans (Code civil 475);

5° On objecte que si le vice ne s'est manifesté que la veille de l'expiration du délai, le propriétaire n'aura que quelques heures pour intenter une action de cette importance. Le propriétaire est encore fort heureux de pouvoir conserver son droit de garantie par sa dili-

gence, car si le vice ne s'était manifesté que le lendemain il aurait été déchu irrévocablement de tout recours, il n'y a rien d'illogique à ce que la position de l'entrepreneur s'améliore à mesure que la présomption de solidité grandit, sa position est surtout intéressante s'il est atteint au moment où la présomption allait se transformer en une preuve légale en sa faveur, la difficulté proposée existe de même à l'égard des vices cachés de la chose vendue et n'empêche pas la prescription de l'action.

Deuxième système (M. Duvergier, titre II, n° 361).

1° 1792, Code civil, fixe à dix ans la durée de la garantie, et 2270 fixe à dix ans la durée de l'action en garantie. Ce sont là deux délais distincts, l'un prend son point de départ à la réception des travaux, l'autre ne commence que lors de la manifestation d'un vice de construction ;

2° 2270 ne peut être une répétition nouvelle de 1792, si, dans ses termes, il semble parler encore de la durée de la garantie elle-même, c'est là une incorrection de langage fréquente dans la pratique; la place qu'occupe l'article au titre des prescriptions ou au traité de la durée des actions, ne doit laisser aucun doute sur sa véritable signification; 2270 ne peut se rapporter qu'à la durée de l'action, puisqu'il vient comme exception à 2262, qui pose le principe général que toutes les actions se prescrivent par trente ans;

3° 2257 Code civil déclare que la prescription ne court pas à l'égard d'une action en garantie jusqu'à ce que l'éviction ait lieu; or la perte de la chose par vice de construction est ici une véritable éviction; 1304 C. c. dit que la prescription ne court, dans le cas d'erreur ou de dol, que du jour où ils ont été découverts; c'est l'application de la règle générale *contra non valentem agere non currit proscriptio*; en conséquence les dix ans ne courent qu'à partir du jour où le vice s'est manifesté.

Troisième système (Lepage, 2e partie, § 5 et 6; Duranton, t. 17, n° 255; Troplong, *du Louage*, n° 1007).

1° Les articles 1792 et 2270 fixent à dix ans la durée de la garantie elle-même; aucune disposition législative ne fixe la durée de l'action en garantie; elle reste donc sous l'application du droit commun, et dure trente ans à partir du jour du préjudice souffert (C. c., 2262, 2257).

2° En droit commun, la garantie est perpétuelle : ainsi un vendeur est garant à quelque époque que son acquéreur soit évincé ; la loi accorde à l'entrepreneur le bénéfice de n'être garant que dix ans, mais à cette première exception elle n'en ajoute pas une deuxième, en limitant à dix ans la prescription de l'action en garantie.

En résumé, le constructeur serait à l'abri de toutes poursuites, savoir : d'après le premier système, après dix ans depuis la réception des travaux ; le deuxième système seulement après vingt ans, et, d'après le troisième système, seulement après quarante ans, car le vice peut se manifester le dernier jour des dix années d'épreuve.

Nous n'hésitons pas à nous prononcer en faveur du premier système, que nous croyons seule conforme aux vues du législateur.

La prescription de l'action en garantie est-elle suspendue par la minorité du propriétaire?

Ceux qui soutiennent que la durée de l'action se confond avec la durée de la garantie, admettent comme une conséquence de leur système que la suspension ne s'appliquant pas à la garantie, ainsi que nous l'avons expliqué, ne s'applique pas non plus à l'action ; ils pensent que c'est là un délai préfix établi dans un intérêt général, et qui ne peut être prolongé dans un intérêt privé ; ils invoquent par analogie la prescription décennale appliquée à l'hypothèse (Code civil, 2154).

Ceux qui prétendent que la durée de l'action diffère de la durée de la garantie, rappellent les termes de l'art. 2252 C. c., qui porte que *la prescription ne court pas contre les mineurs, à l'exception des cas déterminés par la loi.* Ils en concluent qu'il faudrait un texte formel pour empêcher l'application de 2252 à l'action en garantie.

Nous pensons qu'admettre la suspension du délai, ce serait ajouter encore au vice des systèmes qui tendent à prolonger la durée de

l'action jusqu'à vingt ou quarante ans, ce serait rendre en quelque sorte l'action indéfinie et manquer complètement le but du législateur.

TITRE DEUXIÈME.

Responsabilité des délits et des quasi-délits.

SECTION PREMIÈRE.

Règles générales du droit.

La responsabilité des délits ou quasi-délits a lieu soit envers la société, soit envers toute personne lésée.

Premièrement. — Responsabilité envers la société.

Les principes qui régissent la responsabilité envers la société sont réglés par les articles 1 à 4 Code d'instruction criminelle et 1 à 4 Code pénal.

Cette responsabilité ne s'applique qu'aux délits ; nous prenons ici ce mot dans un sens large comme indiquant toute infraction à la loi pénale par opposition aux quasi-délits.

Elle donne lieu à l'action publique qui ne peut être poursuivie que par les fonctionnaires désignés par la loi et devant les tribunaux criminels. Nous donnons ici à ces mots, criminels, leur acception la plus large.

Elle a pour objet de réparer, par des peines corporelles ou pécuniaires, le trouble causé dans la société par la violation d'une disposition législative.

Elle ne s'applique pas aux personnes civilement responsables du fait d'un tiers, en conséquence :

1° Les personnes civilement responsables ne sont pas passibles des peines corporelles ou pécuniaires prononcées contre les délinquants (arrêt de Cass., 14 juillet 1814, rapporté par Merlin, Répert., v° Responsabilité civile);

2° Les personnes civilement responsables ne sont pas justiciables des tribunaux criminels, à moins que ces tribunaux ne soient saisis en même temps de l'action publique contre l'auteur du délit (arrêt de rejet, 11 septembre 1818, rapporté par Merlin, *ibidem*).

Deuxièmement. — Responsabilité envers les personnes lésées.

Les principes relatifs à la responsabilité envers les personnes lésées, sont posés dans les articles 1382 à 1386 Code civil.

Cette responsabilité s'applique soit aux délits, c'est-à-dire aux faits qui constituent une infraction à la loi pénale, soit aux quasi-délits, c'est-à-dire aux faits qui ne tombent pas sous l'application des lois pénales (C. c., 1382).

Elle a lieu soit qu'il y ait dol, soit qu'il y ait simple faute involontaire (C. c., 1382); mais l'étendue des dommages-intérêts varie selon la bonne ou mauvaise foi des délinquants, la distinction établie par les articles 1150 et 1151 en cas d'inexécution des contrats nous paraît applicable aux délits et aux quasi-délits.

Elle fait naître l'action civile qui peut être poursuivie par la partie lésée, soit principalement devant les tribunaux civils, soit accessoirement à l'action publique devant les tribunaux criminels (Code, Inst. crim., 3).

Elle a pour objet la réparation du préjudice souffert par la personne lésée, selon l'évaluation qui en a été faite par le juge.

Enfin, cette responsabilité comprend, non-seulement le dommage que l'on cause par son propre fait, mais encore celui qui est causé par le fait des personnes dont on doit répondre, ou des choses que l'on a sous sa garde (C. c., 1384).

Avant de sortir de ces règles générales, nous devons prendre une décision sur la question de savoir s'il y a solidarité dans les condamnations résultant des délits ou des quasi-délits.

L'article 55, Code pénal, statue à cet égard en ces termes : « Tous « les individus condamnés pour un même crime ou pour un même « délit sont tenus solidairement des amendes, des restitutions, des « dommages-intérêts et des frais. »

Il reste à examiner si cette solidarité s'applique aux simples contraventions et aux quasi-délits.

Arguments pour la négative.

1° L'article 1202, C. c., porte : « La solidarité ne se présume pas ; « cette règle ne cesse que dans les cas où la solidarité a lieu de plein « droit en vertu d'une disposition de la loi »;

2° L'article 55, C. pénal, ne parle ni des contraventions, ni des quasi-délits; il est placé sous cette rubrique du livre Ier : *Des peines en matière criminelle et correctionnelle ;*

3° Toullier, t. 11, n° 148, présente la distinction suivante : « Dans « les crimes et délits, il y a toujours intention de nuire; il est na- « turel que ceux qui ont formé une espèce de société pour nuire à « autrui subissent les conséquences de leur pacte illicite, et soient « solidaires, comme ils le seraient en vertu d'un contrat licite; c'est « donc dans la volonté des délinquants que la solidarité prend sa « source ; au contraire, dans la plupart des contraventions et dans « tous les quasi-délits, il n'y a ni volonté ni dessein de nuire de la « part des contrevenants : ils ne sont coupables que de négligence « ou d'imprudence. »

Arguments pour l'affirmative.

1° Dans le projet du Code civ., l'art 1383 actuel était suivi de deux articles qui étaient les art. 16 et 17 du projet. L'art. 16 portait : « Si, « d'une maison habitée par plusieurs personnes, il est jeté, sur un pas- « sant, de l'eau ou quelque chose qui occasionne un dommage, ceux

« qui habitent l'appartement d'où on l'a jetée sont tous *solidaire-* « *ment* responsables, à moins que celui qui a jeté ne soit connu, au- « quel cas il doit seul la réparation du dommage. » L'art. 17 ajoutait : « Les hôtes qui n'habitent qu'en passant la maison d'où la chose « est jetée ne sont point tenus de la réparation du dommage, à moins « qu'il ne soit prouvé que ce sont eux qui ont jeté; mais celui qui « les loge en est tenu. » Ces dispositions étaient la reproduction des lois 1re, 2me et 3me, D. *de his qui effuderunt : si plures in eodem cœnaculo habitent in quemvis hæc actio dabitur et quidem in solidum.* L'article 16 fut adopté sans discussion ; mais en discutant l'article 17, le citoyen Miot dit : « L'énonciation des principes suffit ; les exemples « doivent être retranchés, » et les articles furent retranchés. De cette discussion, il résulte que la solidarité paraît un principe en matière de délits et de quasi-délits : nous trouvons une application de ce principe dans l'article 1734, C. c., qui rend tous les locataires responsables *solidaires* de l'incendie;

2° La solidarité légale pour les délits ou les quasi-délits ne prend pas sa source dans la volonté du délinquant, mais dans la nature des choses ; chacun des délinquants est personnellement responsable de la totalité du dommage occasionné par son dol ou par sa faute, la conséquence est que chacun des délinquants doit la totalité de l'amende et la totalité des réparations civiles ; c'est là une dette personnelle et non pas une dette commune ; chacun des délinquants est tenu *in solidum*, mais ils ne sont pas co-débiteurs et solidaires entre eux ; les poursuites exercées contre l'un n'auraient aucun effet à l'égard des autres ; les articles 1206 et 1207 C. c. leur sont inapplicables ; leurs relations ne naissent que par l'exécution de leurs condamnations. S'il est juste que chacun d'eux paie une amende entière il n'est pas juste que chacun d'eux paie une réparation civile entière, parce qu'un délit ne peut être pour la partie lésée l'occasion d'un bénéfice ; il en résulte forcément que la partie lésée indemnisée complètement par l'un des délinquants ne peut plus rien réclamer aux autres, et, comme il n'est pas juste non plus que tout le préju-

dice retombe sur l'un des délinquants au choix du créancier, il en résulte que celui qui a payé a un recours contre ses co-délinquants pour les faire contribuer au préjudice qui résulte de leur position commune.

Nous croyons devoir adopter l'affirmative avec Messieurs Delvincourt, t. 3, p. 224, et Zachariæ, t. 3, p. 192.

SECTION II.

Règles spéciales aux délits et aux quasi-délits en matière de construction.

Les délits ou les quasi-délits en matière de construction peuvent être considérés :

1° Sous le rapport de la nature des fautes qui constituent le délit ou le quasi-délit;

2° Sous le rapport de la durée de l'action publique et de l'action civile.

CHAPITRE PREMIER.

Nature des fautes qui constituent un délit ou un quasi-délit.

Les fautes qui peuvent constituer un délit ou un quasi-délit en matière de construction peuvent être classées sous trois catégories :

1° Infractions aux règlements de police;

2° Contraventions aux lois de voisinage;

3° Négligence ayant occasionné un homicide ou des blessures.

Dans les deux premiers cas, le délit ou le quasi-délit s'applique aux choses; dans le troisième cas, il s'applique aux personnes.

§ Ier.

Infractions aux règlements de police.

Les règlements de police relatifs aux constructions rentrent dans la classe des servitudes établies pour l'utilité publique ou commune. (Code civil, 649, 650.)

Ces règlements sont fort nombreux, ils peuvent être classés dans l'ordre suivant selon leur objet :

Premièrement. — Prohibition de bâtir :

1° Autour des places de guerre (loi 10 juillet 1791, 17 juillet 1819, ordonnance 1er août 1821);

2° Près des bois et forêts (Code forestier, article 151 à 156);

3° Près des murs de Paris (ordonnance, 16 janvier 1789, décret 11 janvier 1808, ordonnance 1er mai 1822);

4° Dans la ligne des douanes (loi 22 août 1791, 11 ventôse an 11, 30 avril 1806, 28 avril 1816);

5° Près des cimetières (décret 7 mars 1808).

Deuxièmement. — Alignement sur la voie publique.

(Ordonnance, bureau des finances de Paris, 29 mars 1754, 15 juin 1765, loi 16 septembre 1807).

Troisièmement. — Saillies fixes ou mobiles.

(Décret, 27 octobre 1808, ordonnance royale, 24 décembre 1823, règlement de police, 9 juin 1824).

Quatrièmement. — Déclaration préalable aux travaux.

(Arrêtés 24 nivôse, an 9, 23 brumaire an 12).

Cinquièmement — Sûreté et liberté de la voie publique pendant les constructions, réparations ou démolitions.

(Ordonnance, 8 août 1829).

Sixièmement. — Conduites d'eau.

(Ordonnance royale, 30 septembre 1814).

Septièmement. — Hauteur des maisons.

(Arrêté du ministre de l'intérieur, 25 pluviôse an 5).

Huitièmement. — Solidité des constructions.

1° Maçonnerie :

Murs (règlements du maître général des bâtiments, 29 octobre 1685, 1er juillet 1712).

Fosses d'aisances (ordonnance du roi, du 24 septembre 1819, de police, 23 octobre 1819).

Cheminées (ordonnance du Chatelet, 26 janvier 1672, de police, 1er septembre 1779).

2° Charpente :

Pans de bois (édits, 16 décembre 1607, 16 juin 1793, ordonnances, bureau des finances, 16 août 1667, règlement, 28 avril 1719, 13 octobre 1724).

Nota. Une loi des 19 et 22 juillet 1791, article 29, a confirmé provisoirement les règlements anciens relatifs à la voirie et à la construction des bâtiments.

Un projet de règlement général, réunissant et complétant tous les anciens règlements, a été récemment présenté.

Neuvièmement. — Salles de spectacles.

(Ordonnance de police, 12 février 1828).

Dixièmement. — Démolition ou réparation des bâtiments en péril.

(Déclaration du roi, 18 juillet 1729, 18 août 1730, loi 22 juillet 1791, Code civil article 1386).

Onzièmement. — Fabriques, manufactures ou ateliers dangereux, incommodes ou insalubres rangés sous trois classes.

(Décret, 15 octobre 1810, ordonnance 14 janvier 1815, 29 juillet 1818, 25 juin et 29 octobre 1823, 20 août 1824, 9 février 1825, 5 novembre 1826, 20 septembre 1828, 31 mai 1833).

Voyez : Davenne, Recueil des lois sur la voirie.

Daubanton, Code de la voirie.

Frémy Ligneville, Code des architectes.

Ces règlements renferment diverses dispositions pénales qui indiquent les personnes responsables de leur inexécution et les peines encourues.

L'ordonnance du bureau des finances de Paris, du 26 mars 1754, porte : « Faisons défense à tous habitants, propriétaires, locataires « ou autres, ayant maisons le long des rues, de construire ou recons- « truire aucuns bâtiments sans en avoir pris alignement, ni de poser

« échoppe ou chose saillante sans en avoir obtenu la permission, à « peine contre les contrevenants de 300 livres d'amende, de démo- « lition des ouvrages faits et de confiscation des matériaux, et *contre « les maçons, charpentiers et ouvriers* de pareille amende et même de « plus grande peine en cas de récidive. »

L'ordonnance du 17 juillet 1781 étend cette prohibition aux riverains des grandes routes, et déclare les contrevenants *solidaires.*

L'ordonnance du 17 avril 1783 augmente la pénalité, elle prononce 3,000 livres d'amende contre le propriétaire, 1,000 livres contre les ouvriers, démolition des travaux, confiscation des matériaux et du terrain.

L'arrêté du préfet de la Seine, du 23 brumaire an XII, porte, article : « faute par *les propriétaires, architectes, entrepreneurs ou ou- « vriers* de faire la déclaration dans le délai prescrit, ils seront ga- « rants et responsables de tous évènements, condamnés à l'amende « prononcée par les règlements, et tenus de tous dommages-intérêts « publics ou privés. »

Le règlement de 1712, relatif aux murs, porte : « le tout à peine « contre chacun des contrevenants, entrepreneurs abusant et mésu- « sant de l'art de la maçonnerie, de demeurer garants et responsa- « bles en leur propre et privé nom, des dommages-intérêts des par- « ties, sans préjudice de la plus grande peine si le cas y échéait. »

L'ordonnance du 1er septembre 1779, relative aux cheminées, dispose, art. 7 : « défendons aux propriétaires de souffrir qu'il soit « fait aucune mal-façon de la qualité ci-dessus, le tout à peine de « 100 livres d'amende, *tant contre lesdits propriétaires que contre les « maîtres maçons, charpentiers et autres ouvriers ;* d'être en outre les- « dits propriétaires tenus de faire abattre à leurs frais et dépens les « travaux faits en contravention; pourront même *les compagnons et « autres travaillant à la journée,* être emprisonnés en cas de contra- « vention. »

La plupart de ces règlements ont été modifiés dans leur pénalité par les art. 471 et 479 Code pénal.

L'art. 471 prononce seulement une amende de 1 à 5 francs généralement contre « ceux qui auront négligé ou refusé d'exécuter les « règlements ou arrêtés concernant la petite voirie, ceux qui auront « contrevenu aux règlements légalement faits par l'autorité adminis- « trative, et ceux qui ne se seront pas conformés aux règlements et « arrêtés publiés par l'autorité municipale. »

Toutefois, le législateur distingue la contravention sans dommage et la contravention avec dommage : s'il y a simple contravention sans dommage, telle que dépôt de matériaux ou excavation sur la voie publique, sans nécessité ou sans éclairage de nuit ; refus d'obéir à la sommation de démolir un édifice menaçant ruine, l'amende est de 1 à 5 francs (art. 471) ; s'il y a contravention ayant occasionné un dommage aux propriétés mobilières d'autrui, l'amende est de 11 à 15 francs (art. 479).

Le droit romain avait aussi ses dispositions pénales sur cette matière et il était encore plus sévère que nos anciens règlements, soit quant aux personnes responsables, soit quant aux peines; les lois 11 et 12 Code *de Ædificiis privatis partem : Si quis intra definitum spatium ædificare tentaverit, sciat non solum, fabricata demolienda, sed etiam ipsam domum fisco nostro adscribendam. Si contra legem fiat solarium vel scala non id solum quod factum fuerit detruncabitur, sed etiam* ædificii dominus *decem auri librarum pœnam expectabit, et* qui designavit architectus aut qui opus recepit *alias decem auri libras persolvet* et qui fabricaverit artifex *si per inopiam non potuerit pœnam solvere, corpore luens a civitate fiat extorris.*

Toutes ces dispositions éparses nous paraissent pouvoir se résumer en quelques principes généraux ; pour arriver à ce but, il nous suffira de déterminer 1° quelles personnes sont responsables de la violation des règlements; 2° quelles peines elles encourent soit à l'égard de la société, soit à l'égard de la partie lésée; 3° quels recours elles peuvent exercer entre elles.

Premièrement. — Personnes responsables.

A l'égard des crimes et des délits, la loi en général ne punit que l'intention criminelle, en conséquence, elle ne s'applique qu'à l'auteur du fait coupable ou au complice qui a participé sciemment à ce fait; au contraire, à l'égard des simples contraventions, la loi punit la simple faute de négligence, d'ignorance ou d'imprudence, en conséquence, elle atteint même celui qui n'a participé nullement au fait coupable s'il est en faute, c'est ainsi qu'elle rend responsable du fait d'un délinquant toutes les personnes qui, par leurs relations avec lui, devaient le surveiller ou le conseiller.

Si nous faisons application de ces principes à la violation de l'un des règlements en matière de construction, nous voyons que dans tous les cas, le propriétaire, l'architecte et l'entrepreneur sont passibles de la responsabilité du fait coupable; si l'un d'eux seulement est l'auteur de la contravention, soit en commettant un acte prohibé, soit en omettant un acte ordonné, les deux autres sont responsables soit pour n'avoir pas empêché la violation de la loi, soit pour n'avoir pas veillé à son exécution, l'intérêt public exige qu'ils soient tenus de se contrôler l'un l'autre dans leurs actes, le propriétaire ne peut s'excuser sur son ignorance des règles de construction, *nemo legem ignorare censetur*, l'architecte ne peut alléguer que la contravention ne provient pas de son fait, il devait surveiller le propriétaire et l'entrepreneur, il est d'autant moins excusable qu'on doit le supposer plus instruit qu'eux; l'entrepreneur ne peut se retrancher derrière un ordre du propriétaire ou de l'architecte, lors même qu'il les aurait avertis de la contravention; un délit ordonné est toujours un délit, il n'avait qu'un moyen d'échapper à la responsabilité, c'était de refuser ses services.

La loi romaine nous paraît avoir parfaitement énuméré les personnes responsables en ces termes : *œdificii dominus, et qui designavit architectus aut qui opus recepit et qui fabricaverit artifex.* Les anciens règlements ont étendu ce mot artifex *aux entrepreneurs*,

maîtres maçons, *charpentiers et autres ouvriers :* je pense qu'il faut entendre ces derniers mots comme se rattachant au mot *maître*, qui les précède, et lire : *maîtres charpentiers et autres maîtres ouvriers.* Un seul règlement étend la responsabilité *même aux compagnons et autres travaillant à la journée*, et prononce contre eux la peine d'emprisonnement, mais il laisse l'application de cette peine à l'appréciation du juge ; je crois qu'à cet égard il faudrait au moins établir la distinction suivante : si le simple ouvrier a eu l'imprudence de travailler sans chef, il pourra être déclaré responsable, mais s'il a travaillé sous les ordres d'un maître ouvrier, il échappe à toute responsabilité.

Deuxièmement. — Peines encourues.

A l'égard de la société, la peine consiste dans l'amende et la démolition de l'ouvrage prohibé ou la construction de l'ouvrage ordonné.

L'amende doit être prononcée contre chacun des délinquants, en d'autres termes, il doit y avoir autant d'amendes encourues qu'il y a de délinquants ; ce principe est enseigné par la loi romaine : *ædificii dominus decem auri librarum pœnam expectabit et qui designavit architectus alius decem auri libras persolvet.*

La démolition de l'ouvrage prohibé ou la construction de l'ouvrage ordonné doit être imposée au propriétaire, et comme *nemo ad factum cogi potest*, le juge ajoutera que, faute par lui de ce faire dans un certain délai, les officiers de police feront exécuter les travaux à ses frais.

Quant à la confiscation soit des matériaux, soit du terrain qui devait être réuni à la voie publique, soit même du bâtiment entier, ces dispositions n'ayant pas été reproduites dans les lois nouvelles, nous paraissent abrogées.

A l'égard de la partie lésée, la peine consiste dans la condamnation à des dommages-intérêts évalués par le juge d'après le préjudice souffert ; ces dommages-intérêts doivent comprendre la perte éprouvée et le gain manqué; cependant ils sont plus ou moins étendus, selon qu'il y a dol ou simple faute (C. c., 1149, 1150, 1151); nous avons vu que cette condamnation doit être solidaire contre tous les délinquants.

Troisièmement. — Recours possible.

Les dispositions législatives ci-dessus rappelées fixent les rapports de la partie lésée avec les délinquants, mais elles sont muettes sur les rapports des délinquants entre eux; nous allons examiner dans quel cas ils ont un recours en garantie l'un contre l'autre.

A l'égard des amendes, s'il s'agit d'un délit correctionnel, chacun ne supporte que la peine de sa propre faute, chacun ne paie que sa propre dette; il est donc évident qu'aucun recours en garantie ne peut être fondé; c'est d'ailleurs un principe général que la garantie n'a pas lieu en matière de crimes ou délits.

Mais s'il s'agit d'une contravention de simple police, une personne peut être condamnée à l'amende pour l'omission de certains faits qu'un tiers devait accomplir aux termes de conventions privées, alors il y a lieu à réclamer l'amende à titre de dommages-intérêts de l'inexécution de la convention, si, par exemple, le propriétaire est condamné à l'amende pour des décombres séjournant sur la voie publique; il a recours contre l'entrepreneur, qui, aux termes de leur marché, devait faire enlever les décombres, et l'entrepreneur peut avoir recours contre le voiturier, qui n'aurait pas enlevé ces décombres dans le délai convenu avec l'entrepreneur.

A l'égard de la destruction du corps du délit et des dommages-intérêts de la partie lésée, il faut examiner quels étaient les rapports des délinquants entre eux, eu égard au fait coupable; si l'un d'eux était obligé personnellement à faire l'acte omis, ou à ne pas faire l'acte commis, et si les autres n'étaient en quelque sorte que ses cautions vis-à-vis des tiers, comme chargés de le surveiller ou de le conseiller, ces derniers auraient un recours contre l'obligé principal; de même, si l'un des délinquants s'était obligé envers un autre à ob-

server pour lui les prescriptions de la loi, et lui avait fait encourir des condamnations en manquant à son obligation, son mandant aurait recours contre lui.

Si nous faisons l'application de ces principes aux règlements surénoncés, nous voyons que l'infraction peut être imputée tantôt au propriétaire, tantôt à l'architecte, tantôt à l'entrepreneur, selon que le fait coupable rentrait plus spécialement dans les devoirs et les obligations de l'un d'eux, par exemple:

L'omission de demander l'alignement nous paraît imputable au propriétaire; remplir cette formalité était un devoir qui rentrait dans ses attributions : ce n'est pas là une règle spéciale à la profession de constructeur, c'est plutôt une servitude légale concernant le propriétaire : les architecte et entrepreneur ne sont déclarés responsables que pour assurer davantage l'exécution de la loi.

La contravention à la hauteur des maisons paraît, au contraire, un délit qui rentre dans les fonctions de l'architecte chargé de dresser les plans, et dont il doit seul supporter la responsabilité en dernière analyse.

Enfin, la violation des règlements relatifs à la solidité des bâtiments, telle que mal-façon d'un entablement, est une faute imputable à l'entrepreneur qui s'oblige implicitement à exécuter les plans selon les règles de l'art; il doit donc être responsable du préjudice qu'il a occasionné au propriétaire.

§ II.

Contravention aux lois du voisinage.

Les lois de voisinage sont relatives aux servitudes établies entre voisins pour leur utilité privée; ces servitudes sont légales ou conventionnelles.

Les servitudes légales sont établies par la loi; elles s'appliquent :

Aux droits de mitoyenneté (C. c., 653 à 673);

A la distance et aux ouvrages intermédiaires requis pour certaines constructions (C. c., 674. Coutume de Paris, 184 à 219);

Aux vues sur la propriété de son voisin (C. c., 675 à 679);

A l'égoût des toits (C. c., 681).

Les servitudes conventionnelles sont établies par les conventions, ce qui les concerne est réglé par le contrat et par les articles 686 à 710 C. c.

La responsabilité des contraventions aux lois de voisinage peut être considérée 1° dans les rapports des propriétaires et des constructeurs vis-à-vis des tiers; 2° dans les rapports du propriétaire vis-à-vis des constructeurs; 3° et dans les rapports des constructeurs entre eux.

Premièrement. — Responsabilité du propriétaire et des constructeurs vis-à-vis des tiers.

A l'égard du propriétaire, sa responsabilité vis-à-vis des tiers résulte ou de la loi ou d'un contrat, selon qu'il s'agit d'une servitude légale ou conventionnelle; la seule qualité de voisin l'oblige à observer toutes les servitudes établies par la loi entre les voisins, et la seule qualité de détenteur d'un immeuble l'oblige à observer toutes les servitudes établies par contrat sur cet immeuble; il ne peut objecter que ce contrat n'a pas été formé par lui, mais par un précédent propriétaire dont les obligations ne peuvent lui être opposées, parce qu'il n'est pas son successeur à titre universel; on lui répondrait que la servitude est un démembrement de la propriété qui s'attache à l'immeuble comme une qualité bonne ou mauvaise, et le suit, en quelques mains qu'il passe : le propriétaire est donc responsable pour toutes les servitudes sans exception.

A l'égard des constructeurs, leur responsabilité ne prend pas sa source dans une obligation légale ou conventionnelle; mais, dans une faute, ils ne sont pas responsables *ex lege aut contractu*, mais *ex quasi-delicto*.

Cette cause de la responsabilité des constructeurs est enseignée par Desgodets (Commentaire sur la coutume de Paris, art. 203) en ces termes : « La raison pour laquelle les constructeurs sont chargés « de répondre en leurs propres noms des événements, dépens, dom-

« mages-intérêts causés par leur travail, est qu'ils doivent savoir ce « qui est de leur art et profession; la faute qui se commettrait « proviendrait de leur fait, soit par leur ignorance, soit par leur « négligence, et ils ne pourraient pas alléguer pour leur défense « l'ordre exprès et par écrit qu'ils en auraient du propriétaire, « parce que c'est à eux à l'avertir de ce qu'il doit observer à l'égard « de ses voisins. »

Nous ajouterons qu'ils ne pourraient même alléguer vis-à-vis des tiers l'avertissement donné au propriétaire, si le propriétaire, ayant persisté dans sa première volonté, ils avaient consenti à l'exécuter, car ils devaient alors lui refuser leurs services.

Les constructeurs n'étant passibles que de leur faute, on ne peut leur imputer que les contraventions qu'ils ont pu prévoir. A cet égard, il faut établir une distinction entre les servitudes légales et les servitudes conventionnelles; la présomption est que toute propriété est soumise aux servitudes légales qui sont de droit commun, et est libre de toutes servitudes conventionnelles qui sont de droit exceptionnel, à moins toutefois que la servitude conventionnelle ne se manifeste clairement par un signe apparent; les constructeurs ne sont donc responsables vis-à-vis des tiers que des actes contraires à une servitude légale ou à une conventionnelle apparente.

D'après les principes ci-dessus posés, cette responsabilité vis-à-vis des tiers est solidaire entre le propriétaire et les constructeurs.

Il pourrait s'élever des doutes sur la responsabilité des constructeurs vis-à-vis des tiers par la comparaison des articles 103 de la coutume de Paris, et 662, C. c.

L'article 103 de la coutume portait : « *Les maçons* ne peuvent « toucher ou faire travailler à un mur mitoyen pour le démolir, « percer ou réédifier, sans y appeler les voisins qui y ont intérêt par « une simple signification seulement, et ce, à peine de tous dépens, « dommages-intérêts et rétablissement dudit mur. »

L'article 662, C. c., porte au contraire : « *L'un des voisins* ne peut « pratiquer dans le corps d'un mur mitoyen aucun enfoncement,

« ni y appliquer ou appuyer aucun ouvrage sans le consentement « de l'autre, ou sans avoir, à son refus, fait régler par experts les « moyens nécessaires pour que le nouvel ouvrage ne soit pas nui- « sible aux droits de l'autre. »

Il ne faut pas conclure de cette différence de rédaction, que les constructeurs ne sont plus responsables vis-à-vis des tiers : ils sont seulement dispensés de remplir eux-mêmes les devoirs du propriétaire, mais, au fond, ils n'en sont pas moins responsables de toute contravention aux lois du voisinage; non-seulement ils ne peuvent toucher au mur avant un avertissement signifié au voisin, mais, ce qui est plus efficace, avant le consentement du voisin ou l'autorisation judiciaire.

Si toutes les précautions prescrites par la loi, relativement à certaines constructions, ont été fidèlement observées, et que, néanmoins, le voisin éprouve un préjudice, y a-t-il lieu à garantie?

A cet égard, nous pensons que le juge devra examiner si, à l'époque des travaux, les précautions légales devaient paraître suffisantes ou insuffisantes.

S'il était facile de prévoir que les précautions légales seraient insuffisantes, le propriétaire et les constructeurs sont en faute pour n'avoir pas pris des précautions plus complètes, et dès lors ils sont responsables du préjudice qui peut en résulter. L'appréciation de ces défauts doit être confiée à la sagesse des tribunaux; la loi n'a pu prévoir tous les dangers indiqués, toutes les précautions à prendre, et modifier ses prescriptions suivant les diverses localités; il est donc possible qu'en faisant tout ce que la loi prescrit, on n'ait pas fait tout ce qu'un homme prudent et prévoyant devait faire; toutefois, dans ce cas, il y aura cette différence entre la responsabilité du propriétaire et celle des constructeurs, que la garantie du propriétaire est toujours perpétuelle, tandis que la garantie des constructeurs doit évidemment être limitée à dix ans, puisqu'il s'agit d'une simple mal-façon sans aucune contravention légale.

S'il était impossible de prévoir que les précautions légales seraient

insuffisantes, les constructeurs sont évidemment affranchis de toute responsabilité, puisqu'ils ne sont garants que de leur faute; mais à l'égard du propriétaire, la question est très délicate.

Pour le voisin, on peut dire :

Les précautions légales n'établissent qu'une présomption que la construction ne nuira pas au voisin; ce qui fait qu'il ne peut s'opposer à l'établissement de cette construction, sous prétexte qu'elle pourrait lui nuire; cette présomption disparaît devant la preuve contraire. Le propriétaire ne peut, lors même qu'il n'est pas en faute, se dispenser de réparer le dommage causé par sa chose, car son bâtiment ne peut être pour lui une occasion de gain, et, en même temps, pour un tiers une occasion de perte; son obligation ne naît pas *ex culpa*, mais de la violation du droit de propriété; il doit faire en sorte qu'aucune chose, telle que de l'eau ou du feu, ne s'échappe de son héritage, et n'aille nuire au voisin (Lepage, *Lois des bâtiments*, t. Ier, p. 124).

Pour le propriétaire on peut répondre :

Pour que 1382, Code civil, soit applicable, il faut la réunion de deux circonstances *le dommage et la faute*, le dommage qui arrive en dehors de toutes prévisions humaines, est un cas fortuit, une force majeure dont personne n'est tenu, cette limite de la garantie résulte de l'article 1386 Code civil, ainsi conçu : « Le propriétaire d'un bâ- « timent est responsable du dommage causé par sa ruine, lorsqu'elle « est arrivée *par une suite de défaut d'entretien ou par le vice de sa* « *construction.* » Ces derniers mots indiquent suffisamment que le propriétaire n'est responsable qu'autant que le préjudice a pu être occasionné par sa faute.

Nous pensons que cette difficulté peut se résoudre par une distinction entre l'obligation de payer des dommages-intérêts pour réparation du préjudice déjà éprouvé, et l'obligation de détruire la construction nuisible, pour prévenir le préjudice à venir. Si on condamnait le propriétaire à des dommages-intérêts pour le préjudice éprouvé, on violerait les articles 1382 et 1386 Code civil, qui n'étendent la garantie qu'au cas de faute, et d'un autre côté si on laissait subsister la construction nuisible, on violerait le droit de propriété qui ne permet de rien envoyer ou projeter par travail de main d'homme sur le fond d'autrui (Code civil 640): il y a donc lieu, dans ce cas, d'ordonner la démolition de la construction nuisible, mais sans allouer aucuns dommages-intérêts.

Deuxièmement. — Responsabilité des constructeurs vis-à-vis des propriétaires.

Le propriétaire a-t-il un recours contre les constructeurs quand il a été condamné solidairement avec eux pour contraventions aux lois de voisinage?

Arguments pour l'affirmative :

1° Dans le contrat intervenu entre le propriétaire et le constructeur, ce dernier s'est tacitement obligé non seulement à bâtir solidement, mais encore à bâtir selon les prescriptions de la loi et les règles de l'art; de cette manière l'obligation qui était imposée au propriétaire, est devenue l'obligation du constructeur par le contrat;

2° Le propriétaire est présumé ignorer les règles relatives aux constructions, il compte sur le constructeur pour être prévenu de toutes les infractions qu'il pourrait commettre, ce qu'il commande est toujours avec cette condition tacite : si les règles des constructions ne s'y opposent pas.

Arguments pour la négative :

1° Il ne faut pas confondre les règles relatives aux constructions avec les lois du voisinage : le constructeur est responsable de l'inexécution des règles qui intéressent la solidité des bâtiments, parce qu'il s'oblige à bâtir solidement, mais il n'est pas responsable des contraventions aux lois de voisinage, parce que les obligations relatives à deux fonds contigus n'existent qu'entre les propriétaires voisins;

2° Le propriétaire est présumé ignorer les règles spéciales pour

la solidité des bâtiments, mais il ne peut prétexter d'ignorance quand il s'agit des règles du droit commun inscrites dans le Code civil : il n'est pas nécessaire d'être constructeur pour bien connaître l'application de ces règles, elles appartiennent plutôt aux études de jurisconsulte qu'aux travaux de constructeur, et il serait ridicule qu'un juge ou un avocat vînt imputer à faute à un ouvrier de ne l'avoir pas prévenu des dispositions de la loi.

Nous pensons qu'il y aura lieu à recours, soit du propriétaire contre les constructeurs, soit même des constructeurs contre le propriétaire, selon que la contravention émanera plus particulièrement du fait de l'un d'eux, et que les autres n'auront été responsables que pour n'avoir pas contrôlé ses actes: par exemple dans le cas où la contravention proviendrait d'un vice des plans, il faudrait examiner qui a dressé ces plans vicieux.

Si un architecte a dressé les plans, il y aura lieu à recours contre lui, parce que si des fautes ont échappé au contrôle du propriétaire, ce n'est pas un motif pour affranchir l'architecte de la garantie de son travail.

Si le propriétaire a dressé lui-même les plans, le propriétaire sera responsable de son fait vis-à-vis du constructeur; il ne pourra lui reprocher de n'avoir pas surveillé ses actes et de ne l'avoir pas prévenu de la contravention, puisqu'il s'agissait de l'application d'une disposition législative que personne n'est censé ignorer.

Troisièmement. — Responsabilité des constructeurs entre eux.

Lorsque l'architecte et l'entrepreneur sont responsables, soit vis-à-vis des tiers, soit vis-à-vis du propriétaire, il y a lieu à recours entre eux, selon que le fait coupable rentrait plus spécialement dans les attributions de l'un ou de l'autre ; ainsi :

Si le vice était dans les plans, par exemple si on n'avait pas observé les distances pour les vues droites ou obliques, la responsabilité devrait peser, en dernière analyse, sur l'architecte.

Si le vice était dans la main-d'œuvre, par exemple si on avait élevé une cheminée sans contre-mur, l'entrepreneur devrait garantir tous les autres du préjudice provenant de son fait.

§ III.

Négligences ayant occasionné un homicide ou des blessures.

Des négligences en matière de construction peuvent occasionner un homicide ou des blessures ; pour déterminer quelles sont les personnes civilement responsables du préjudice, il faut rechercher à qui une négligence peut être imputable, et, dans cette appréciation, il faut avoir égard aux devoirs et aux obligations qui varient selon les personnes : nous aurons donc à examiner successivement comment cette responsabilité peut atteindre :

1° Le propriétaire ;

2° L'architecte ;

3° L'entrepreneur ;

4° Les agents de l'entrepreneur, commis, maîtres, compagnons, chefs d'ateliers ;

5° Les simples ouvriers et les apprentis.

Premièrement. — Responsabilité du propriétaire.

On peut se demander s'il y a des cas où le propriétaire est responsable de la vie ou des blessures des ouvriers ou des personnes étrangères à un atelier, et qui peuvent être victimes d'un évènement malheureux.

A cet égard, il faut distinguer si l'accident a été occasionné par un vice de la chose du propriétaire, ou par la négligence des constructeurs.

1°. Si l'accident a été causé par un vice de la chose du propriétaire, sa responsabilité est écrite dans l'art. 1386, ainsi conçu : « Le « propriétaire d'un bâtiment est responsable du dommage causé par « sa ruine, lorsqu'elle est arrivée par suite du défaut d'entretien ou « par le vice de sa construction ; c'est d'ailleurs une simple appli-

« cation de ce princiae posé dans l'art. 1384 : on est responsable « non-seulement du dommage que l'on cause par son propre fait, « mais encore de celui qui est causé par des choses que l'on a sous « sa garde. »

De cette règle résultent les conséquences suivantes :

Le propriétaire est responsable des accidents occasionnés par le vice du sol, s'il connaissait ou pouvait connaître ce vice, pour n'avoir pas pris les précautions nécessaires.

Il est responsable des accidents causés par un bâtiment qu'il a laissé périr de vétusté, pour avoir mal administré sa chose.

Enfin il est responsable des accidents causés par un vice de construction dans un bâtiment neuf, pour n'avoir pas veillé à la solidité de ses travaux.

Toutefois, dans ces divers cas, l'étendue de la responsabilité du propriétaire varie selon que la partie lésée est un ouvrier ou une personne étrangère à un atelier.

A l'égard de l'ouvrier, le propriétaire n'est responsable qu'autant que l'ouvrier n'est pas lui-même en faute : ainsi si l'excavation s'annonçait par un tassement des terres ou tout autre signe apparent, si la vétusté se manifestait par un surplomb ou des lézardes, et que le danger eût pu facilement être écarté par des étais ou étrésillons, le propriétaire ne serait pas responsable. Si au contraire le vice était caché, et que le propriétaire, qui en avait connaissance par ses titres ou autrement, n'en eût pas averti l'ouvrier, il serait responsable.

A l'égard de la personne étrangère aux travaux, le propriétaire est responsable, encore que cette personne n'ait pas pris toutes les précautions nécessaires pour se garer d'un danger apparent, et qu'on puisse lui reprocher quelque imprudence ou négligence ; c'était au propriétaire à prendre toutes les mesures nécessaires pour assurer la sécurité publique : il est en faute par cela seul qu'il a exposé à un péril toute personne inattentive ou imprévoyante.

2° Si l'accident a été causé par la négligence des constructeurs, il faut examiner quel est le rôle des propriétaires dans l'exécution des travaux.

Dans le cas où le propriétaire, en même temps constructeur, remplit les fonctions d'architecte et d'entrepreneur, et dirige des ouvriers travaillant pour son compte, il est responsable du fait des ouvriers, comme le serait l'entrepreneur.

Dans le cas contraire, où le propriétaire est étranger à l'exécution des travaux et a fait marché avec un entrepreneur pour exécuter des plans donnés par un architecte, le propriétaire n'est nullement responsable de la négligence des constructeurs, il ne répond pas des actes de l'architecte ou de l'entrepreneur, parce que ce sont des tiers qui ont traité avec lui par un simple contrat de louage, et qui ne le représentent à aucun titre; d'où il suit qu'on ne peut lui faire application de la disposition de l'art. 1384, qui rend le commettant responsable du fait de son préposé; il ne répond pas davantage des actes des ouvriers, parce que l'art. 1797 n'est applicable qu'à l'entrepreneur qui les commande.

Deuxièmement. — Responsabilité de l'architecte.

La mission de l'architecte peut se résumer en trois éléments, savoir : 1° dresser le plan d'un édifice à construire; 2° prendre des précautions contre les vices de la chose du propriétaire, soit qu'il s'agisse d'y élever un bâtiment neuf, soit qu'il s'agisse d'en retrancher un bâtiment vieux; 3° veiller à la bonne exécution des travaux de construction ou de réparation.

Si un accident est occasionné par le vice des plans, l'architecte est évidemment responsable et ce sans aucun recours possible, c'est l'application du principe que chacun est responsable de son fait.

Si un accident résulte des vices de la chose du propriétaire, soit qu'un bâtiment neuf ait péri par vice du sol, soit qu'un bâtiment en démolition ait croulé par vétusté, l'architecte est responsable, s'il pouvait prévoir le danger et le prévenir par des précautions convenables, c'est l'application du principe que chacun est responsable

des choses qu'il a sous sa garde lors même qu'il n'en serait pas propriétaire.

Si enfin un accident résulte de la mauvaise exécution des travaux de construction ou de réparation, l'architecte peut dans le cas de faute lourde être déclaré responsable du fait de l'entrepreneur, c'est l'application du principe qu'on répond du fait des personnes qu'on est chargé de surveiller et de diriger.

Troisièmement. — Responsabilité de l'entrepreneur.

La responsabilité de l'entrepreneur diffère selon que la partie lésée est un ouvrier ou une personne étrangère à l'atelier.

1° Dans quels cas l'entrepreneur est-il lui-même responsable de la vie ou des blessures de ses ouvriers ?

Les ouvriers en louant leurs services à une personne qu'ils doivent présumer beaucoup plus instruite qu'eux dans l'art de bâtir, se soumettent à une obéissance passive, ils ont confiance dans les lumières de leur chef et comptent sur sa vigilance pour la conservation de leur personne ; en effet si la loi (Code civil 1728) impose à celui qui loue une chose ou un animal l'obligation de veiller en bon père de famille à la conservation de la chose louée, elle doit imposer cette obligation encore plus sévèrement à celui qui loue des personnes pour un travail quelconque : si donc les ouvriers sont victimes d'un accident dans l'exécution des travaux auxquels on les emploie, l'entrepreneur est responsable toutes les fois que l'accident peut être imputé à sa négligence ou à son ignorance.

Ainsi l'entrepreneur serait responsable si l'accident provenait de ce que la nature du travail commandé dépassait de beaucoup les forces des ouvriers employés, ou de ce qu'on avait omis de prendre les précautions d'usage pour certains travaux dangereux; il serait également responsable si l'accident était occasionné par le vice des instruments de construction, par exemple si les outils étaient mauvais et impropres au service, si les échafauds n'étaient pas établis solidement, si les échelles ou machines se rompaient par défaut de réparations ou trop grande vétusté.

L'entrepreneur ne peut opposer que l'ouvrage qui a occasionné l'accident n'était pas expressément commandé; on doit réputer commandé tout ouvrage qui rentrait dans la spécialité à laquelle l'ouvrier était attaché et qu'il n'a pas fait furtivement, car ou l'entrepreneur était présent et il est censé avoir approuvé le fait par son silence, tandis qu'il devait prévoir le danger et l'empêcher, il est d'ailleurs réputé présent par les préposés chargés de le représenter; ou l'entrepreneur ainsi que ses préposés étaient absents et alors il est en faute d'avoir abandonné des ouvriers à leur propre inexpérience.

L'entrepreneur ne peut pas davantage invoquer pour excuse la maladresse de l'ouvrier qui aurait mal exécuté ses ordres ; car il devait connaître la capacité de chacun de ses ouvriers, n'assigner à chacun qu'un rôle proportionné à ses forces et à son intelligence.

2° Dans quels autres cas l'entrepreneur est-il responsable de la vie ou des blessures de personnes étrangères à ses ateliers et qui peuvent être victimes d'un évènement malheureux, soit en passant près des ateliers, soit en s'y introduisant?

Si l'accident frappe le propriétaire ou les locataires dans une maison habitée mise en réparation, il faut rechercher de quel côté il y a faute : si les habitants de la maison sont atteints lorsqu'ils vaquaient à leurs affaires et passaient par des chemins non fermés ou interdits ou réservés aux ouvriers seuls, l'entrepreneur est responsable. — Si au contraire les habitants sont venus par curiosité visiter les travaux et ont passé par des chemins barrés, l'entrepreneur n'est pas responsable.

Lorsque l'entrepreneur visite lui-même les travaux et remplit les fonctions d'architecte, l'entrepreneur n'est chargé de le prévenir du danger que dans le cas où il se trouverait dans une position dangereuse, même pour une personne habituée aux constructions.

Si l'accident frappe un voisin dans sa cour ou son jardin, l'entrepreneur sera responsable s'il n'a pas pris toutes les précautions né-

cessaires pour empêcher le plus possible la chute des matériaux sur le sol voisin, et s'il n'a pas, en outre, averti le voisin du danger qui pouvait résulter de la proximité des travaux.

Si l'accident atteint un passant sur la voie publique, l'entrepreneur sera responsable s'il n'a pas pris les précautions exigées par les règlements de police, telles que marques usitées ou personnes préposées pour avertir les passants de s'écarter, éclairage pendant la nuit des matériaux amoncelés ou excavations creusées sur la voie publique, etc.

L'entrepreneur sera même responsable s'il n'a pas pris telles autres précautions qu'un homme prudent aurait prises, par exemple, ne pas laisser de pierres détachées qui peuvent tomber sur les passants en l'absence des ouvriers.

Telle est la disposition de la loi 31 D. *ad legem Aquiliam; si putator ex arbore ramum cum dejiceret vel machinarius hominem prætereuntem occidit ita tenetur si is in publicum decidat, nec ille proclamavit ut casus ejus evitari possit. Sed Mucius etiam dixit si in privato idem accidisset, posse de culpa agi; culpam autem esse quod eum a diligente provideri poterit non esset provisum, aut tunc denunciatum esset cum evitari non possit.*

Si l'accident frappe une personne étrangère à la maison qui s'y est introduite, il faut encore examiner de quel côté est la faute.

Dans le cas où cette personne est venue visiter quelqu'un habitant la maison ou s'y trouvant, et n'a suivi que les voies de communication ouvertes, l'entrepreneur est en faute de n'avoir pas fermé un chemin où la circulation pouvait être dangereuse.

Dans le cas, au contraire, où cette personne n'est entrée que par curiosité, est allée seule visiter les travaux, c'est la partie lésée qui a commis une faute d'imprudence; néanmoins, si, comme il arrive le plus souvent, des enfants étaient venus établir leurs jeux dans l'atelier en l'absence des ouvriers, et qu'il leur fût arrivé un accident, l'entrepreneur serait en faute de n'avoir pas fermé l'atelier de barricades, et de n'y avoir pas laissé un gardien.

Quatrièmement. — Responsabilité des agents de l'entrepreneur.

Les agents de l'entrepreneur, commis, maîtres compagnons, chefs d'ateliers, sont-ils seuls responsables des suites d'un évènement malheureux, dont leur défaut de prévoyance ou de soins sont la cause ou la source?

L'article 1797, C. c., porte : « *L'entrepreneur répond du fait des* « *personnes qu'il emploie;* » est-il vrai que cet article se trouve placé sous la rubrique *des devis et marchés*, d'où l'on pourrait conclure que cette responsabilité n'a lieu qu'entre l'entrepreneur et le propriétaire, et ne concerne que la bonne exécution du contrat de louage. Mais il ne reste plus aucun doute sur l'étendue de cette responsabilité quand on rapproche l'article 1797 de l'article 1384, où sont posés les principes en matière de responsabilité. Cet article déclare « les commettants responsables du dommage causé par leurs pré« posés dans les fonctions auxquelles ils les ont employés. » Il n'est pas douteux que cette expression générale, *commettants et préposés*, comprend les entrepreneurs et leurs agents, et que 1797 n'est qu'une application du principe général consacré par 1384; or, 1384 est placé sous la rubrique *des délits et des quasi-délits*, d'où la conséquence que la responsabilité des entrepreneurs pour le fait de leurs agents a lieu, non-seulement à l'égard du propriétaire, mais encore à l'égard des tiers, non-seulement pour l'inexécution du contrat de louage, mais encore pour les délits et les quasi-délits.

Après avoir étudié ainsi l'application de l'article 1797 par une interprétation qui nous paraît conforme aux principes, il faut prendre garde aux limites qu'il convient de donner à la responsabilité de l'entrepreneur; si les expressions de l'article 1797 sont générales, 1384 vient y apporter une restriction par ces mots : *Dans les fonctions auxquelles ils les ont employés;* il en résulte que si les entrepreneurs sont responsables des délits ou des quasi-délits de leurs agents, ce n'est qu'autant que ces délits ou quasi-délits ont été commis dans les fonctions auxquelles ils les emploient; en effet, la responsabilité

dérive du droit de commander et de surveiller : or, les entrepreneurs n'ont sur leurs agents droit de commandement et de surveillance que dans le temps et dans le lieu où ils les emploient, et à l'occasion de leur travail.

L'entrepreneur attaqué seul pour évènement malheureux occasionné par le défaut de soin de ses agents, peut-il les mettre en cause avec fruit : La jurisprudence doit-elle l'atteindre seul ou l'atteindre solidairement, ou concurremment avec ses agents?

La solution de cette question varie selon qu'elle s'applique à l'action publique ou à l'action privée.

1° A l'égard de l'action publique;

Cette action est fondée sur les articles 319 et 320 du Code pénal, ainsi conçus :

Article 319 : « Quiconque par maladresse, imprudence, inattention, négligence ou inobservation des règlements, aura commis involontairement un homicide, ou en aura involontairement été la « cause, sera puni d'un emprisonnement de trois mois à deux ans, et « d'une amende de cinquante francs à cent francs. »

Article 320 : « S'il n'est résulté du défaut d'adresse ou des précautions que des blessures et coups, l'emprisonnement sera de six « jours à deux mois, et l'amende sera de seize francs à cent francs. »

Ces articles s'appliquent sans aucun doute aux accidents occasionnés par la faute des constructeurs.

Quant aux accidents arrivés durant les travaux, un décret du 3 janvier 1813 porte article 22 : « En cas d'accidents qui auraient « occasionné la perte ou la mutilation d'un ou de plusieurs ouvriers, « faute de s'être conformé à ce qui est prescrit par le présent règlement, les exploitants, propriétaires et directeurs, pourront être « traduits devant les tribunaux pour l'application, s'il y a lieu, des « articles 319 et 320 du Code pénal. » Ce décret est spécial pour l'exploitation des mines, mais il n'en contient pas moins, dans cet article 22, l'application d'un principe général.

Quant aux accidents arrivés après la confection des travaux, si l'article 1792, Code civil, rend les constructeurs responsables pendant dix ans, des vices de construction qui peuvent occasionner la ruine d'un édifice, comment cette faute d'impéritie reconnue par la loi ne donnerait-elle lieu qu'à la réparation du préjudice matériel qui s'applique aux choses et ne deviendrait pas la juste cause d'une poursuite criminelle, lorsqu'elle a produit un homicide? (Jousse, Traité des matières criminelles, T. 3, page 523, Chauveau Adolphe, Théorie du Code pénal, T. 5, page 476).

Cette pénalité peut s'appliquer à plusieurs constructeurs à l'occasion d'un même accident; les expressions de l'article 319 : *Quiconque par maladresse, imprudence, inattention, négligence ou inobservation des règlements, aura commis involontairement un homicide ou en aura involontairement été la cause*, comprennent toutes espèces de fautes, et s'appliquent à tous ceux auxquels l'accident peut être imputé, la loi punit à la fois celui qui a commis le fait coupable et en est l'auteur direct, et celui qui n'a pas empêché le fait coupable et en est ainsi l'auteur indirect par son inattention; elle frappe et l'agent et le surveillant, mais dans tous les cas chacun n'est puni que pour sa propre faute, pour sa participation personnelle au fait coupable. En principe la responsabilité d'une personne par le fait d'un autre n'a pas lieu en matière pénale : si la jurisprudence a établi quelques exceptions dans les affaires fiscales, elle a toujours pris soin de les motiver sur ce que les amendes avaient dans ces cas les caractères de dommages-intérêts.

De ces principes, il résulte que l'entrepreneur attaqué n'a aucun intérêt, quant à l'action publique, à faire mettre en cause ses agents, dont le défaut de soin a pu occasionner l'accident, en effet :

Les agents de l'entrepreneur peuvent être reconnus coupables, mais l'entrepreneur n'en sera pas moins également coupable pour ne les avoir pas surveillés, et alors la totalité de la peine sera appliquée à chacun d'eux ; ainsi, la mise en cause des agents n'aura nullement déchargé l'entrepreneur, elle aura même empiré sa position, car il sera tenu solidairement de toutes les amendes. (Code pénal 55.)

Les agents de l'entrepreneur peuvent même être acquittés, bien que l'accident provienne de leur fait, et l'entrepreneur puni seul, bien qu'il n'ait participé au fait coupable que par un défaut de surveillance : l'appréciation des fautes est abandonnée à la sagesse des tribunaux et souvent elle varie selon la qualité des inculpés. La maladresse, par exemple, n'est pas absolue mais relative, elle dépend des connaissances qu'une personne doit posséder, eu égard à sa profession; ainsi, les accidents postérieurs aux travaux, qui sont occasionnés par un défaut de solidité ne peuvent être imputés aux agents, bien qu'ils aient construit l'édifice, parce qu'on présume que l'entrepreneur seul avait des connaissances suffisantes pour prévoir cet évènement futur ;

2° A l'égard de l'action civile.

Cette action est fondée sur les art. 1384 à 1797 Code civil : elle atteint souvent une personne pour le fait d'un tiers, alors évidemment celui qui est poursuivi pour le fait d'un autre a une action en garantie contre le délinquant, mais ce recours ne porte aucune atteinte aux droits de la partie lésée ; ainsi :

Dans les rapports de l'entrepreneur avec la partie lésée, peu importe que l'entrepreneur prouve que le fait provient de la faute de ses agents et nullement de son fait personnel ; il doit, dans tous les cas, être condamné à la totalité des dommages-intérêts; s'il a participé au fait coupable, il est responsable civilement; il ne peut donc échapper à une condamnation, et s'il met en cause ses agents, il sera dans tous les cas condamné solidairement avec eux; il ne pourrait pas opposer à la partie lésée qu'il n'est tenu que comme caution de ses préposés, et qu'on ne peut agir contre lui qu'après avoir discuté la solvabilité du débiteur principal (C. c., 2021; C. de proc., 185); l'entrepreneur est toujours en faute, soit pour avoir mal choisi, soit pour avoir mal surveillé ses agents; sous ce point de vue, il participe indirectement toujours au délit, et en conséquence il est, comme son agent, obligé principal vis-à-vis de la partie lésée.

Dans les rapports de l'entrepreneur avec ses agents, il faut examiner si le fait coupable rentrait dans les attributions des préposés de l'entrepreneur, s'il était compris dans le mandat qu'ils avaient reçu pour représenter l'entrepreneur, soit à l'égard de la construction entière, soit à l'égard d'une espèce particulière de travaux, enfin si le mandataire a donné à l'opération, non pas tous les soins possibles, mais tous les soins dont il était capable.

Lorsque le préposé pouvait facilement prévoir et empêcher l'accident qui pouvait être la conséquence immédiate d'une faute, il n'est pas douteux que l'entrepreneur, attaqué seul, a contre son préposé une action en garantie si le procès est encore pendant, ou une action en recours s'il a été condamné, et, dans ce cas, il sera toujours prudent de mettre le préposé en cause dès les premières poursuites, dans la crainte qu'il n'excipe plus tard que la condamnation n'a été causée que par une défense incomplète.

Mais lorsque l'accident était plus difficile à prévoir, lorsqu'il ne résulte que d'une cause éloignée, les tribunaux peuvent affranchir l'agent de toute responsabilité, s'ils pensent qu'il a donné à l'opération tous les soins dont il était capable, et cependant condamner l'entrepreneur; le motif est que l'entrepreneur doit s'imputer d'avoir confié un mandat si important à des personnes incapables de le remplir; que, s'il pouvait se faire représenter pour la direction des détails de l'opération, il devait toujours conserver la direction générale et exercer la haute surveillance. Si, par exemple, il s'agit d'un accident occasionné par un vice de construction qui a entraîné la ruine de l'édifice dans les dix ans, l'entrepreneur n'aurait aucun recours à exercer contre ses agents, soit parce que de simples agents ne sont pas présumés avoir des connaissances suffisantes pour prévoir un accident si éloigné, soit parce qu'en les payant l'entrepreneur a reconnu qu'ils avaient donné à l'opération tous les soins dont ils étaient capables.

Cinquièmement. — Responsabilité des ouvriers et apprentis.

Les simples ouvriers et les apprentis ont mis leurs bras au service

d'un maître : il en résulte que ce ne sont pas eux qui agissent, c'est le maître, la conséquence est qu'ils ne sont pas responsables lorsqu'ils ne font qu'exécuter les ordres du maître, et qu'ils les exécutent avec le soin dont ils sont capables ; dans ce cas, le maître seul est responsable du fait coupable, qu'il s'est approprié en les commandant.

Mais lorsque les ouvriers ou apprentis n'exécutent pas ou exécutent mal les ordres du maître, soit par mauvaise volonté, soit par une incapacité résultant d'un état d'ivresse, ils deviennent responsables des accidents occasionnés par leur faute.

A l'égard de la responsabilité du maître, l'art. 1384 C. c. établit une distinction entre l'ouvrier et l'apprenti ; il porte : « Les com- « mettants sont responsables du dommage causé par leurs préposés « *dans les fonctions auxquelles ils les ont employés;* les artisans du « dommage causé par leurs apprentis *pendant le temps qu'ils sont « sous leur surveillance, à moins que les artisans ne prouvent qu'ils « n'ont pu empêcher le fait qui donne lieu à cette responsabilité.* »

De ces dispositions résultent les deux différences suivantes :

1° Le maître n'est responsable du fait des ouvriers que dans le temps et le lieu où ils exécutent les travaux commandés, et pour les faits relatifs à l'exécution de ces travaux ; tandis qu'il répond du fait des apprentis, même hors l'atelier, et pour un fait étranger aux travaux : le motif de cette différence est que l'ouvrier n'est soumis à la surveillance du maître que pour ce qui concerne les travaux, et qu'au contraire l'apprenti est soumis à la surveillance du maître en tout temps et en tout lieu durant l'apprentissage;

2° Le maître est responsable du fait des ouvriers, sans être admis à prouver qu'il n'a pu empêcher ce fait, tandis qu'il cesse d'être responsable du fait des apprentis s'il prouve qu'il n'a pas été en son pouvoir d'empêcher le fait coupable. Cette différence est motivée sur ce que le maître choisit ses ouvriers, il peut s'informer de leurs qualités près de leurs anciens patrons, et il est libre de les congédier à sa volonté ; et au contraire le maître ne choisit pas plus ses apprentis qu'un instituteur ne choisit ses élèves, les qualités bonnes ou mauvaises de l'apprenti ne peuvent être connues que par l'épreuve du temps, et ordinairement le maître est lié par un bail d'apprentissage, qui ne lui permet de congédier l'apprenti que pour des motifs graves.

CHAPITRE II.

Durée de l'action publique et de l'action civile.

La durée des actions varie selon qu'il s'agit d'un délit ou d'un quasi-délit.

Premièrement. — A l'égard des délits.

La durée des actions publique et civile, qui naissent des délits, en d'autres termes des infractions à la loi pénale, est régie par les articles 635 et suivants du Code d'instruction criminelle.

Le Code établit une distinction entre la prescription de l'action et la prescription de la condamnation.

En ce qui touche la prescription de l'action : L'action publique et l'action civile se prescrivent savoir : 1° S'il s'agit d'un délit de nature à être puni correctionnellement par trois ans, à partir du jour du délit s'il n'a pas été fait aucune poursuite, et à partir du dernier acte de la procédure, si des poursuites ont été commencées; 2° S'il s'agit d'une contravention de police, par une année à compter du jour de la contravention s'il n'est pas intervenu de condamnation dans cet intervalle, et à compter de la notification de l'appel s'il y a jugement de première instance (Code Inst. Crim. 638, 640).

En ce qui touche la prescription de la condamnation : 1° Les peines se prescrivent en matière de police correctionnelle par cinq ans, et en matière de simple police par deux ans, à partir du jour du jugement ou de l'arrêt en dernier ressort ou à partir du jour où l'appel n'est plus recevable; 2° Les condamnations civiles ne se prescrivent que par trente ans (C. Inst. Crim. 636, 639, 642).

Il faut remarquer que si dans les infractions à la loi pénale, l'ac-

tion civile est restreinte à la durée de l'action publique, c'est uniquement dans le but d'intéresser la partie lésée à faire connaître ses griefs, dans un temps utile, pour l'exercice de l'action publique, et d'empêcher des collusions immorales à cet égard; d'où la conséquence que si l'action publique a été intentée isolément, dans le délai de la loi pénale, rien ne s'oppose plus à ce que l'action civile soit intentée même après ce délai, pourvu que ce soit dans le délai de la loi civile, c'est-à-dire dans les trente ans (arrêt Cour de Caen, 8 janvier 1827).

Deuxièmement. — A l'égard des quasi-délits.

La durée de l'action civile est réglée par l'article 2262, C. c., qui porte : « Toutes les actions, tant réelles que personnelles, sont prescrites par trente ans. »

Mais les articles 1792 et 2270 paraissent faire exception à la règle générale en faveur des entrepreneurs.

Nous devons donc examiner si, dans les cas de fraude, de violation des lois de police ou de contravention aux lois de voisinage, il y a lieu d'appliquer la prescription décennale ou la prescription trentenaire.

Arguments pour prescription décennale.

1° Les articles 1792 et 2270, C. c. s'expriment d'une manière générale; ils ne distinguent pas s'il y a bonne ou mauvaise foi, si le vice de construction est contraire seulement aux règles de l'art; ou s'il viole la loi elle-même, si le propriétaire seul ou des tiers sont intéressés;

2° L'intention du législateur paraît avoir été de mettre l'entrepreneur à l'abri de toutes poursuites après dix ans, depuis la réception des travaux.

(Duvergier, *T. du louage*, n° 363.)

Arguments pour prescription tricennale.

1° Si le législateur a réduit le délai de la garantie, cette faveur ne doit être appliquée qu'aux fautes d'ignorance et de négligence que le constructeur a pu commettre de bonne foi, et non à la fraude qui est indigne de toute faveur. L'article 2270 est placé dans un chapitre où on s'occupe de la prescription avec bonne foi ; dans le chapitre précédent, l'article 2262 permet de prescrire avec mauvaise foi, mais alors le délai est de trente ans. Si, par exemple, l'entrepreneur devant faire un mur en pierre de taille a fait les parements en pierre de taille très mince et l'intérieur en platras, l'entrepreneur pourra être poursuivi, lors même que la fraude ne se serait découverte qu'après les dix ans, lors même qu'aucune détérioration ne se serait d'ailleurs manifestée ;

2° L'entrepreneur a pu ignorer les règles de sa profession, mais il n'a pu ignorer les lois de police, *nemo legem ignorare censetur ;* il ne peut, dans ce cas, alléguer sa bonne foi : il ne peut invoquer 1792, car cet article a pour objet la solidité de l'édifice ; l'action du propriétaire et des tiers n'est pas fondée sur 1792, mais sur 1383. Si, par exemple, un pan de bois a été laissé en communication avec une cheminée, et que le vice ait occasionné l'incendie de la maison du propriétaire et des maisons voisines, l'entrepreneur sera responsable envers tous ceux qui auront souffert de l'incendie, bien que la construction de la maison remonte à plus de dix ans ;

3° L'entrepreneur ne peut pas davantage alléguer sa bonne foi quand il a violé les lois de voisinage ; il ne peut invoquer la prescription décennale, car il ne serait pas juste que le propriétaire restât sans recours contre lui, quand il serait condamné à des dommages-intérêts envers les tiers pour une faute de l'entrepreneur. Si, par exemple, une fosse d'aisance a nui au mur du voisin qui n'a pas été garanti par un contre-mur, en vain l'entrepreneur alléguera que le mur du voisin est resté plus de dix ans sans paraître souffrir de cette contravention, s'il y avait contre-murs et dix ans expirés, il y aurait présomption que la détérioration provient de vétusté ; mais à défaut de contre-mur, il y a au contraire présomption ; peu importe que dix ans se soient écoulés, car l'entrepreneur avait deux obliga-

tions à remplir : faire un contre-mur, conformément à la loi, et donner à son ouvrage une solidité suffisante pour durer au moins dix ans, conformément à son contrat avec le propriétaire.

(Lepage, *Lois des bâtiments*, 2e partie, p. 19.)

Nous pensons que la prescription trentenaire est seule applicable, d'abord parce qu'il n'y a pas de bonne foi, et ensuite parce que, quel que soit le temps écoulé, aucun des vices n'a pu se confondre avec les vices de vétusté.

TITRE TROISIÈME.

Responsabilité d'un cas fortuit ou d'une force majeure.

SECTION PREMIÈRE.

Règles générales du droit.

La responsabilité d'un cas fortuit ou d'une force majeure peut être considérée à l'égard d'une chose dont on est créancier ou à l'égard d'une chose dont on est propriétaire.

Premièrement. — A l'égard des créances.

L'article 1148 C. c. porte : « Il n'y a lieu à aucuns dommages-in« térêts lorsque, par suite d'une force majeure ou d'un cas fortuit, « le débiteur a été empêché de donner ou de faire ce à quoi il était « obligé, ou a fait ce qui lui était interdit. » Il en résulte que la perte est à la charge du créancier, mais il est évident que s'il s'agissait d'un contrat synallagmatique, et que cette obligation de donner ou de faire devenue impossible eût pour corrélatif une autre obligation, cette obligation réciproque s'éteindrait aussi puisqu'elle serait alors sans cause ; et, si elle était déjà exécutée, si, par exemple, un prix avait été payé d'avance, il y aurait lieu à répétition.

Deuxièmement. — A l'égard des propriétés.

Les rédacteurs du Code ont consacré le principe *Res perit domino*, il en résulte que si une chose dont une personne est propriétaire et qui se trouve entre les mains d'un tiers vient à périr, est mise hors de commerce, ou se perd de manière qu'on en ignore absolument l'existence par un cas fortuit, ou de force majeure, le détenteur est libéré de l'obligation de délivrer ou de restituer cette chose; cette règle ne reçoit d'exception qu'à l'égard du voleur, qui doit restituer la valeur de la chose, de quelque manière que la chose volée ait péri ou ait été perdue. (C. c. 1302.)

Dans tous les cas, c'est au débiteur à justifier que l'inexécution de son obligation provient d'une cause étrangère, qui ne peut lui être imputée, ou au détenteur à prouver le cas fortuit qu'il allègue, et si le détenteur était en demeure, il ne serait affranchi de la responsabilité qu'en prouvant que la chose eût également péri chez le créancier, si elle lui eut été livrée. (C. c. 1147 et 1302.)

Tels sont les principes dont nous allons faire l'application aux devis et marchés.

SECTION II.

Règles spéciales aux cas fortuits et de force majeure, en matière de constructions.

Ces règles peuvent s'appliquer soit à l'inexécution du contrat avant les travaux, soit à la perte des choses qui font l'objet du contrat durant les travaux, soit à la perte après l'exécution des travaux.

CHAPITRE PREMIER.

Responsabilité de l'inexécution du contrat.

Lorsqu'un cas fortuit ou de force majeure vient empêcher l'exécution du contrat, il n'est dû aucuns dommages-intérêts de part ni

d'autre pour la résiliation forcée du marché, mais comme *nemo cum alterius damno locupletior fieri debet*, le propriétaire, dans le cas où les travaux sont commencés, est tenu de payer, en proportion du prix convenu, la valeur des ouvrages faits et des matériaux préparés, lors seulement que ces travaux ou ces matériaux peuvent lui être utiles.

Les articles 1795 et 1796 C. c. ne sont qu'une application de ces principes au cas spécial de la mort de l'entrepreneur; cet événement est considéré comme un empêchement de force majeure dans les marchés de constructions.

Si, par exemple, la maison qu'on devait réparer est complètement incendiée, c'est un cas fortuit; si le terrain sur lequel on devait bâtir est exproprié pour cause d'utilité publique, c'est ce que les anciens auteurs appelaient le fait du prince et ce qu'on doit assimiler au cas de force majeure; nous pensons que dans ce cas le propriétaire ne doit aucuns dommages-intérêts, mais l'État, ou ses concessionnaires, doivent à l'entrepreneur une indemnité arbitrée par le jury d'expropriation, d'après les règles fixées par l'article 1794; il y a analogie parfaite avec la résiliation du marché par la volonté du maître.

CHAPITRE II.

Responsabilité de la perte durant les travaux.

La responsabilité de la perte par cas fortuit durant les travaux peut être considérée à l'égard du fournisseur des matériaux et à l'égard de l'entrepreneur.

Premièrement. — En ce qui concerne le fournisseur.

Le simple fournisseur de matériaux est un vendeur, en conséquence son contrat est régi par les règles du contrat de vente posées dans les articles 1582 et suivants, Code civil.

Ces articles établissent la distinction suivante :

S'il s'agit d'un corps certain ou de marchandises vendues en bloc, la propriété est acquise à l'acheteur dès qu'on est convenu du prix, bien que la chose vendue n'ait été ni mesurée, ni payée; en conséquence, dès le jour de la vente la chose est aux risques et périls de l'acheteur, par application du principe *Res perit domino*, et si cette chose périt alors par cas fortuit, le prix n'en doit pas moins être payé. (C. c. 1583, 1586, 1138 et 1302.)

Si, au contraire, il s'agit de marchandises vendues au poids, au compte ou à la mesure, la propriété reste au vendeur jusqu'à ce que les choses vendues aient été comptées, pesées ou mesurées; en conséquence jusqu'à cette même époque, elles sont aux risques et périls du vendeur, et si elles périssent alors par cas fortuit, le vendeur peut être contraint d'en fournir d'autres de mêmes qualité et quantité. (C. c. 1585.)

Deuxièmement. — En ce qui concerne l'entrepreneur.

L'entrepreneur est considéré comme louant ses services, le contrat qu'il forme est régi par les règles du bail posées dans les articles 1787 et suivants du Code civil.

Nous trouvons dans ces articles les décisions suivantes :

Si l'entrepreneur fournit à la fois les matériaux et la main-d'œuvre, et que la chose vienne à périr par cas fortuit ou force majeure avant la réception des travaux et avant que le propriétaire fût en demeure de les recevoir, la perte est à la charge de l'entrepreneur seul, il ne peut réclamer le prix, ni de ses fournitures, ni de son travail (Code civil 1788).

Si l'entrepreneur fournit seulement son industrie, et le propriétaire les matériaux, et que la chose vienne également à périr par cas fortuit ou force majeure, avant la réception des travaux et avant que le propriétaire fût en demeure de les recevoir, la perte est à la charge de l'entrepreneur et du propriétaire, l'un perd son travail sans pouvoir réclamer de salaire, l'autre perd ses matériaux sans pouvoir réclamer d'indemnité (Code civil 1789 et 1790).

Dans l'un et l'autre cas, si le marché a été fait à tant la pièce ou la mesure, l'entrepreneur peut exiger la vérification des parties terminées, afin de s'exonérer à leur égard de la responsabilité des cas fortuits; cette vérification est censée faite pour toutes les parties payées, si le maître a payé en proportion de l'ouvrage fait (Code civil 1791).

Dans les dispositions ci-dessus rappelées, les législateurs français ont écarté l'application du principe *ædificium solo cedit*, ils ont pensé que l'ouvrier s'étant obligé à livrer un ouvrage consommé, et le maître n'ayant pas entendu devenir propriétaire de cet ouvrage avant de l'avoir vérifié, l'ouvrier devait être considéré comme propriétaire, soit de son industrie seulement, soit de son industrie et de ses matériaux, jusqu'à la réception des travaux, d'où la conséquence qu'en cas de perte par cas fortuit, il ne peut réclamer, ni le salaire de sa main-d'œuvre, ni le prix de ses fournitures, par application du principe *res perit domino*.

Les jurisconsultes romains, au contraire, appliquaient le principe *ædificium solo cedit*, le propriétaire du sol devenait propriétaire des matériaux au fur et à mesure de leur incorporation avec le sol, et dès lors la perte de la main-d'œuvre et des matériaux était toujours à sa charge par application du même principe *res perit domino*.

Telle est la disposition de la loi 59 D. *Locati*. *Marcus domum faciendum à Flacco conduxerat, deindè, operis parte effectâ, terræ, motu concussum erat ædificium? Sabinus : si naturali veluti terræ motu hoc acciderit Flacci esse periculum.*

Néanmoins la loi 36 D. *Locati*, porte : *Opus quod aversione locatum est donec adprobetur conductoris periculum est ; quod verè ità conductum sit est in pedes, mensurave præstetur catenus conductoris periculo est quatenus ad mensum non sit, et in utraque causa nociturum locatori si per eum statuit quo minùs opus ad probetur vel admitiatur*, cette loi dont les dispositions sont copiées dans l'article 1791 Code civil, paraît en contradiction avec la loi 59 ci-dessus rappelée, mais cette *antinomie* disparaît si on suppose que la loi 36 est intervenue dans une espèce où il s'agissait d'un travail mobilier, cette hypothèse nous paraît vraisemblable.

Nous avons vu que la preuve du cas fortuit doit être faite par le fournisseur qui ne livre pas les matériaux vendus, ou par l'ouvrier qui ne représente pas les matériaux qui lui ont été confiés : Nous devons avertir que la jurisprudence ne considère pas un incendie comme un cas fortuit, le fournisseur ou l'ouvrier ne se sont affranchis de la responsabilité qu'en prouvant le cas fortuit ou la force majeure qui a occasionné l'incendie, cette décision est fondée par analogie sur 1733, Code civil, (arrêt de rejet, 14 juin 1827).

CHAPITRE III.

Responsabilité de la perte après les travaux.

La responsabilité de la perte par cas fortuit ou de force majeure après la réception des travaux, est également soumise à la règle *res perit domino.*

Si la construction qui a fait l'objet du contrat périt par cas fortuit après la réception des travaux, elle périt pour le maître qui est devenu propriétaire de l'ouvrage en le recevant; le constructeur étant libéré de son obligation par la livraison, n'a pas à prouver le cas fortuit, la présomption est en sa faveur, c'est au propriétaire qui prétend être créancier à prouver que l'accident a été occasionné par un vice de construction ou un vice du sol, il ne peut invoquer les dispositions de l'article 1792 Code civil, qu'en faisant cette preuve.

Si l'accident atteint une maison voisine, la présomption est également pour le cas fortuit, c'est au voisin qui se prétend créancier à prouver que l'accident a été occasionné par un défaut d'entretien ou un vice de construction, il ne peut réclamer l'application de l'article 1386, Code civil, qu'en faisant cette preuve.

Néanmoins le propriétaire d'une maison démolie pour sauver un quartier d'une incendie, a recours pour être indemnisé : 1° Contre le propriétaire du bâtiment d'où provient l'incendie, à moins que

celui-ci n'ait un moyen légitime de défense; 2° Contre les propriétaires des bâtiments voisins qui auraient provoqué une démolition inutile; 3° Contre les propriétaires des bâtiments voisins qui ont été préservés de l'incendie par la démolition.

DEUXIÈME PARTIE.

Examen critique de la législation actuelle.

CHAPITRE PREMIER.

Insuffisance de la législation actuelle en matière de constructions.

La législation actuelle en matière de constructions peut être divisée ainsi :

1° Règlements qui concernent le personnel des constructions;

2° Règlements relatifs à la solidité des bâtiments;

3° Dispositions du Code civil sur l'interprétation des devis et marchés;

4° Dispositions du Code pénal et du Code civil sur les délits et les quasi-délits en matière de constructions.

§ Ier.

Règlement sur le personnel des constructeurs.

Les maîtrises et les jurandes, supprimées lors de la révolution de 89, avaient sans doute l'inconvénient d'enchaîner la liberté de l'industrie, mais aussi elles avaient l'avantage d'être une garantie contre les incapacités, et de déterminer clairement les attributions des personnes employées aux constructions; la conservation de ces avantages n'ayant pas été assurée par des dispositions nouvelles, il en est résulté un vide dans la législation : le besoin de l'organisation du travail, si vivement senti aujourd'hui, n'a pas une autre origine.

L'insuffisance de la législation actuelle sur le personnel des constructeurs se manifeste également pour l'architecte, pour l'entrepreneur et pour l'ouvrier.

Premièrement. — A l'égard de l'architecte.

L'importance des fonctions de l'architecte n'a pas besoin d'être démontrée; les intérêts les plus graves sont engagés sans autre garantie que sa capacité : le propriétaire débourse souvent des sommes énormes pour exécuter ses plans; de nombreux locataires viennent confier à ses constructions leurs personnes et leurs fortunes mobilières; l'entrepreneur obéit à ses ordres sans contrôle : tantôt le propriétaire et l'entrepreneur le choisissent comme amiable compositeur dans leurs différends; tantôt les juges le délèguent comme expert-rapporteur sur les questions judiciaires.

Nous ne comprenons pas que celui qui se destine à des fonctions si élevées ne soit soumis à aucun examen préalable, et ne présente à la société aucune de ces garanties que la loi exige de toutes les professions qui intéressent à un haut point l'ordre public et exigent des études spéciales; l'architecture est une profession libérale qu'il ne faut pas confondre avec des entreprises pécuniaires : celui à qui appartient le commandement doit être investi d'un caractère distinctif; celui qui s'offre à la confiance publique pour diriger de graves intérêts, doit présenter des garanties; une patente ne peut être ni un titre de commandement, ni un diplôme de moralité et de capacité.

Deuxièmement. — A l'égard de l'entrepreneur.

La profession d'entrepreneur doit sans doute être libre comme

l'est aujourd'hui toute profession industrielle ; mais si l'industrie doit ses progrès à l'abolition du système exclusif des anciennes corporations, elle sent le besoin de leur emprunter leur système d'organisation ; déjà plusieurs professions d'ouvriers ont été syndiquées dans les principales villes, soit par des règlements qu'elles ont reçus de l'administration publique, soit par des règlements qu'elles se sont donnés à elles-mêmes : c'est ainsi que la chambre des entrepreneurs de maçonnerie de la ville de Paris a succédé à l'ancienne chambre des bâtiments.

Il nous paraît utile de généraliser cette organisation, de l'étendre à toutes les professions d'ouvriers dans toute la France; les chambres de discipline ont d'incontestables avantages : elles facilitent les rapports des ouvriers avec la haute administration, pour faire connaître leurs besoins; elles établissent entre les ouvriers des rapports de confraternité qui dissipent les rivalités et les haines, et des rapports scientifiques qui peuvent être surtout utiles aux ouvriers des campagnes; enfin elles arrêtent, par des peines disciplinaires, le premier pas de celui qui sort des voies légales.

Troisièmement. — A l'égard de l'ouvrier.

Quelques règlements fixent les heures de travail des simples ouvriers qui louent leurs services à la journée, mais ces règlements ne s'appliquent qu'à certaines localités ou à certaines professions.

Nous pensons que ces règlements doivent être complétés et généralisés; nous pensons aussi que les ouvriers doivent être placés sous la surveillance de la chambre des entrepreneurs de leur profession : cette disposition nous semble utile, et pour les entrepreneurs, qui doivent s'assurer de la conduite des ouvriers qu'ils prennent, puisqu'ils en sont responsables, et pour les officiers de police, qui doivent avoir connaissance des déplacements des ouvriers.

§ II.

Règlement sur la solidité des constructions.

Nous avons vu qu'une loi des 19 et 22 juillet 1791 a confirmé *provisoirement* les anciens règlements sur la solidité des constructions : on reconnaissait dès lors le besoin de réunir et de compléter les anciens règlements, dont plusieurs remontent au dix-septième siècle ; néanmoins cet état de choses provisoire dure encore aujourd'hui, et la législation est plus insuffisante que jamais, attendu les progrès de la science.

On devait peu craindre le défaut de solidité des constructions à une époque où elle ne pouvait résulter que de l'ignorance, car alors le constructeur ambitionnait peu la légèreté des formes, qui n'était pas dans les goûts du temps, et il cherchait peu l'économie, travaillant presque toujours pour le compte de riches propriétaires. Aujourd'hui la légèreté des constructions est mise à une espèce de concours par l'opinion publique et par l'intérêt privé : le constructeur sacrifie tout à cette idole, et par le désir de la gloire, et par le désir du gain ; il n'a que ce moyen de plaire s'il travaille pour autrui, que ce moyen de s'enrichir s'il travaille pour son compte. Sur les adjudications au rabais, l'économie a fait appel à la concurrence, et réduit les bénéfices à leur minimum : par les constructions pour son compte, l'entrepreneur a pris à la fois l'indépendance et les dangers de commerçant ; dans cet état de choses, l'entrepreneur se trouve continuellement placé entre son intérêt et les devoirs de sa profession : il est donc indispensable que, dans un intérêt public, la loi impose aux constructeurs des règles plus sévères.

Déjà pour satisfaire à ce besoin, un projet de règlement a été élaboré pendant plusieurs années à la préfecture de la Seine, par une commission d'architectes attachés au service de la voirie de Paris, et a été revu ensuite par le conseil des bâtiments civils du ministre de l'intérieur.

M. Daubenton (*Code de la voirie*, p. 19) nous apprend quels sont les vices qui ont fait échouer ce projet. « Ce travail ayant été fait « sous l'influence des souvenirs du pouvoir presque discrétionnaire « qu'exerçait à Paris, dans l'ancien régime, la Chambre des bâti- « ments, on peut dire qu'il prescrit plus que l'administration n'est

« en droit d'exiger ; elle n'a pas mission de faire faire les meilleures « constructions possibles, elle n'a pas la tutelle des intérêts privés, « elle doit seulement veiller à ce que l'ignorance ou la cupidité des « constructeurs ne deviennent pas funestes au public. »

Nous pensons, avec M. Daubanton, qu'il y a lieu de retrancher de ce projet toutes les dispositions qui n'intéressent pas directement la sécurité publique ; mais nous pensons aussi que ce règlement ne devrait pas être restreint à la ville de Paris; il nous semble indispensable de l'étendre à toute la France, sauf à modifier ses dispositions suivant que la construction est établie dans une ville, dans un bourg ou dans un village, ainsi que l'article 663, C. c., nous en donne un exemple.

§ III.

Dispositions du Code civil sur les devis et marchés.

Les difficultés nombreuses que nous avons essayé de résoudre dans la première partie de ce travail manifestent l'insuffisance des dispositions du Code civil sur l'interprétation des devis et marchés ; cette matière importante est à peine indiquée dans le Code par quelques articles, tandis que d'autres sujets beaucoup moins graves y sont très longuement traités; le motif de cette lacune est que les rédacteurs du Code ont plutôt réuni que créé des lois, de sorte que les imperfections de l'ancien droit se font encore sentir aujourd'hui.

Les dispositions du Code civil sont relatives, soit aux conventions qui précèdent les travaux, soit à la perte durant les travaux, soit enfin à la garantie de certains travaux après leur exécution.

Premièrement. — A l'égard des conventions faites avant les travaux.

L'interprétation des devis et marchés est soumise aux règles générales des conventions, sauf quelques exceptions indiquées dans les articles 1793 et suivants, C. c., et cette interprétation est confiée à la sagesse des tribunaux.

Nous pensons cependant que plusieurs des questions que la jurisprudence a résolues rentraient dans le domaine du législateur; ainsi, lorsque la convention n'indique pas le délai d'exécution de l'ouvrage, ou le prix des travaux, ou les termes de paiement, une disposition de la loi nous paraît devoir suppléer au silence de la convention.

Deuxièmement. — A l'égard de la perte durant les travaux.

Les articles 1787 à 1791 nous paraissent avoir suffisamment traité cette question, sauf quelques imperfections de texte que nous avons signalées dans la première partie de notre travail.

Troisièmement. — A l'égard de la garantie après les travaux.

Toute la législation actuelle, sur cette question importante, consiste dans les articles 1792 et 2270, C. c.; nous avons vu, dans le commentaire qui précède, les difficultés innombrables auxquelles donnent lieu ces deux articles; l'insuffisance de notre législation sur ce point est donc notoire.

Si nous demandons à quels travaux la garantie s'applique, 1792 nous répond *édifice construit à prix fait*, et 2270 *gros ouvrages*, mais aucun de ces articles ne nous dit si la garantie s'applique à l'édifice réparé comme à l'édifice neuf, et ce qu'on doit entendre par gros ouvrages. Quant aux menus ouvrages, silence complet; d'où l'on doit pouvoir conclure que la garantie annale de l'ancien droit est abrogée. Cependant cette garantie paraît indispensable, au moins pour les vices cachés : elle existe pour la vente, on ne conçoit pas qu'elle manque pour le louage. Il est des vices que la vérification ne peut découvrir : si, par exemple, une porte ou une croisée est en bois vert qui travaille et se disjoint par la chaleur ou l'humidité.

Si nous recherchons quel préjudice donne lieu à garantie, nous trouvons dans 1792 : *si l'édifice périt en tout ou en partie;* et cependant la jurisprudence admet la garantie pour une simple détérioration.

Si nous voulons énumérer les vices qui font naître la garantie, nous trouvons dans 1792 l'expression générale *vices de constructions et même vices du sol;* cependant il ne nous paraît pas y avoir lieu à garantie si on n'a pas pu prévoir le vice, ou si on l'a prévu et qu'on en ait averti le propriétaire.

Si nous voulons savoir qui doit faire preuve des vices, la loi est muette à cet égard, et nous abandonne à l'incertitude des interprétations de doctrine.

Si nous demandons quelles sont les personnes responsables, les articles 1792 et 2270 répondent par les deux mots *architecte* et *entrepreneur* : le sont-ils toujours tous deux ? le sont-ils solidairement ? ont-ils recours l'un contre l'autre ? s'il y a plusieurs entrepreneurs, quelle est la part de responsabilité de chacun d'eux ? Ce sont autant de questions que la loi laisse sans solution, et qui peuvent recevoir de la jurisprudence les décisions les plus opposées.

Si enfin nous voulons préciser le délai dans lequel l'action en garantie peut être utilement intentée, les art. 1792 et 2270 nous parlent d'un délai *de dix ans*; mais ce délai s'applique-t-il seulement à la garantie elle-même, ou régit-il en même temps l'action en garantie? Cette question occasionne entre la jurisprudence et la doctrine un débat que le législateur doit terminer par son intervention.

Le besoin de reviser notre législation actuelle sur les devis et marchés est senti par tous ceux qui s'occupent de constructions; mais un obstacle grave paraît s'opposer à la réalisation de ce vœu général, c'est que cette révision ne peut s'opérer qu'en modifiant les dispositions et l'ordre du Code civil : ce monument législatif est si beau qu'on craint de le gâter en voulant le réparer ; cependant si, depuis 1830, notre législation actuelle a apporté d'heureuses modifications dans les parties les plus importantes de nos codes de commerce, de procédure civile, d'instruction criminelle et de lois pénales, le temps n'est-il pas arrivé de reviser le Code civil lui-même, et d'y combler des lacunes que l'expérience a démontrées.

Si ce grand travail doit être ajourné à un temps encore éloigné, il serait urgent pour éviter des procès nombreux, d'interpréter les articles 1792 et 2270, par une loi spéciale : cette loi, sans troubler l'ordre des dispositions du Code civil, viendrait s'y rattacher comme annexe, ainsi que déjà s'y rattachent plusieurs lois interprétatives.

§ IV.

Dispositions sur les délits et les quasi-délits en matière de constructions.

Nous ne possédons aucunes règles spéciales sur les délits et les quasi-délits en matière de constructions, nous comprenons que l'appréciation des cas de faute, et l'évaluation des dommages-intérêts ne peuvent être soumises à aucunes règles et doivent être confiées à la sagesse des tribunaux, mais il est sur cette matière des questions de droit que le juge décidera différemment, suivant qu'il prendra pour guide les règles de la doctrine ou les inspirations de l'équité, le législateur doit prévenir ces variations de la jurisprudence par des dispositions précises.

Dans les rapports de la partie lésée avec les personnes responsables, on peut se demander :

Si la responsabilité s'applique au propriétaire, à l'architecte et à l'entrepreneur ou à l'un d'eux seulement ?

Si les personnes responsables d'une même contravention ou d'un même quasi-délit, sont tenues solidairement ?

Si l'entrepreneur est responsable des délits et quasi-délits de ses ouvriers ?

Enfin si l'action relative aux fraudes ou aux violations des lois de police et de voisinage se prescrit par dix ans ou par trente ans ?

Dans les rapports des personnes responsables entre elles, on peut se demander :

Quand il y a lieu à recours entre les personnes responsables pour l'amende ?

Quand il y a lieu à recours pour les dommages-intérêts ?

Toutes ces questions rentrent dans le domaine du législateur et at-

tendent une décision. Si quelque règlements particuliers contiennent des dispositions sur les personnes responsables, ces dispositions rapprochées les unes des autres se combattent entre elles et la doctrine, fait de vains efforts pour les ramener à une unité de principes; ce but ne peut être atteint que par une loi générale sur cette matière, qu'on peut faire entrer dans le Code civil par la révision de ce Code, et qu'on peut aussi rattacher comme annexe au titre des délits et des quasi-délits, jusqu'au remaniement de notre législation civile.

CHAPITRE II.

Modifications proposées sur la législation actuelle.

§ Ier.

Organisation du personnel des constructeurs.

1. Les architectes peuvent être chargés de dresser les plans et devis, diriger les travaux et vérifier les mémoires, ils ne peuvent être intéressés dans des entreprises de constructions à peine de déchéance de leur titre.

2. Ils doivent être munis d'un diplôme délivré après examen, avoir prêté serment et être inscrits sur les registres d'une chambre de discipline siégeant au chef-lieu de département.

3. Les entrepreneurs généraux ou particuliers sont soumis aux ordres des architectes; ils doivent être munis d'une patente et être inscrits sur les registres d'une chambre de discipline spéciale à chaque profession et siégeant au chef-lieu d'arrondissement.

4. Les ouvriers sont soumis aux ordres des entrepreneurs qui les emploient; ils doivent être munis d'un livret et être inscrits sur un registre déposé à la chambre des entrepreneurs de leur profession.

5. Des règlements d'administration publique détermineront l'organisation et les attributions des chambres d'architectes et d'entre-

preneurs, et fixeront pour chaque profession le temps de travail des ouvriers employés à la journée.

§ II.

Règlement sur la solidité des constructions.

7. L'administration, après avoir pris l'avis des chambres d'architectes, réunira et complètera les anciens règlements sur la solidité des constructions, elle formera un règlement général qui s'appliquera à toute la France, en modifiant ses prescriptions selon que la localité sera une ville, un bourg ou un village.

8. Les propriétaires et constructeurs doivent préalablement à tous gros travaux, en faire la déclaration à la municipalité du lieu, et les officiers de police doivent visiter les travaux pour s'assurer de l'exécution des règlements.

§ III.

Devis et marchés.

9. Tout marché relatif à un ouvrage à faire est un louage d'industrie, soit que l'ouvrier fournisse, soit qu'il ne fournisse pas la matière.

10. Tout marché peut être fait verbalement ou par écrit, et être prouvé d'après les règles ordinaires.

11. Le propriétaire peut résilier le marché par sa seule volonté, quoique l'ouvrage soit déjà commencé, en dédommageant l'entrepreneur de toutes ses dépenses, de tous ses travaux et de tout ce qu'il aurait pu gagner dans cette entreprise; si dans ce cas l'entrepreneur a reçu des avances supérieures aux travaux faits et aux indemnités, il devra restituer le surplus dans un délai qui sera fixé par le juge.

12. Les héritiers du propriétaire jouiront de la même faculté; s'ils ne sont pas d'accord sur la continuation des travaux, ou s'il y a parmi eux des mineurs, le juge décidera d'après le plus grand intérêt de la succession.

13. La mort de l'entrepreneur dissout le contrat à l'égard de toutes les parties; le propriétaire est tenu de payer à la succession de l'entrepreneur, d'après le prix convenu, la valeur des ouvrages faits et des matériaux préparés, lors seulement que ces travaux ou ces matériaux peuvent lui être utiles.

14. L'ouvrier peut faire exécuter le travail par un tiers, à moins que le marché n'ait été fait en considération de son talent personnel; l'architecte ne peut confier ses fonctions à un tiers.

15. Le juge ne peut proroger le délai convenu pour l'exécution des travaux s'il lui paraît insuffisant; à défaut de convention expresse, le juge peut considérer le délai comme résultant implicitement de la nature des travaux, et condamner l'ouvrier à des dommages-intérêts pour le retard même, sans remise en demeure.

16. La fixation du prix des travaux n'est pas une condition essentielle du contrat; il paraît sous-entendu que la valeur des travaux sera réglée d'après les prix courants : l'estimation est faite, soit par les parties, soit par des arbitres convenus entre elles, soit par le juge sur l'avis d'experts commis.

17. S'il y a fixation d'un prix à forfait pour la construction d'un bâtiment, d'après un plan arrêté, l'entrepreneur ne peut demander une augmentation de prix, sous le prétexte de la main-d'œuvre ou des matériaux, ni sous celui de changements ou d'augmentations faits sur le plan, si ces changements ou augmentations n'ont pas été autorisés par écrit, et le prix convenu avec le propriétaire.

18. Dans le cas d'adjudication au rabais de constructions à faire d'après un devis descriptif et estimatif, si, par une circonstance imprévue, telle qu'un sol noyé, il est nécessaire d'employer une plus grande quantité de matériaux que n'en indique le devis, il en doit être tenu compte à l'entrepreneur d'après les prix indiqués.

19. A défaut d'époque fixée pour le paiement du montant du mémoire, l'ouvrier ne peut demander aucun à-compte durant les travaux, mais il peut exiger la totalité aussitôt après leur réception; la réception des travaux résulte d'une déclaration, signée par l'ar-

chitecte ou le propriétaire, d'une prise de possession sans réserve, enfin d'un rapport d'experts homologué par le tribunal.

20. Si le propriétaire est en déconfiture, l'entrepreneur peut se refuser à commencer ou à continuer les travaux, si on ne lui assure son paiement. Si l'entrepreneur tombe en faillite, le propriétaire peut se faire autoriser à continuer les travaux aux risques et périls du failli, et produire à la faillite pour l'excédant de ses dépenses sur le prix convenu.

21. L'entrepreneur n'a de privilége sur l'immeuble qu'autant qu'il remplit les formalités voulues par la loi, lors même qu'il s'agirait de travaux nécessaires pour la conservation de l'édifice.

22. Les ouvriers qui ont travaillé sous la direction d'un entrepreneur ont une action directe de leur chef, et à l'exclusion de tous autres, contre le propriétaire pour leurs fournitures et salaires, mais seulement jusqu'à concurrence de ce que le propriétaire reste devoir à l'entrepreneur; le propriétaire peut opposer des paiements constatés par écrit, sans date certaine ou antérieure aux échéances, sauf aux ouvriers à prouver la fraude.

§ IV.

Responsabilité avant la réception des travaux.

23. Si la chose périt par cas fortuit avant d'être livrée ou avant que le propriétaire soit en demeure de la recevoir, lorsque l'entrepreneur fournit à la fois les matériaux et la main-d'œuvre, il perd la totalité; lorsque l'entrepreneur fournit seulement son industrie, il perd son salaire, et le propriétaire perd ses matériaux.

24. Si la chose périt par un vice du sol qu'on ne pouvait prévoir ou par un vice caché des matériaux fournis par le propriétaire, l'entrepreneur a droit au prix de sa main-d'œuvre, et toute la perte reste à la charge du propriétaire.

25. Si la chose périt par un vice de construction, l'architecte ou l'entrepreneur, ou même tous deux, sont responsables, suivant les distinctions ci-après établies pour la réception des travaux.

26. Si la chose renferme des détériorations ou imperfections qui la rendent impropre au service auquel elle est destinée, le propriétaire peut exiger que les travaux vicieux soient démolis et reconstruits; si les vices diminuent seulement la valeur de la chose sans en empêcher l'usage et sans nuire à sa solidité, le propriétaire peut réclamer une diminution du prix convenu.

27. L'entrepreneur est responsable du fait des personnes qu'il emploie : il n'a recours contre ses agents, chefs d'ateliers et ouvriers que dans le cas où ils sont coupables de négligence; s'ils sont en faute, il peut les priver de tout ou partie de leur salaire.

28. La perte ou la détérioration avant la réception des travaux est présumée provenir de la faute du constructeur, à moins qu'il ne prouve qu'elle provient d'un cas fortuit ou d'un vice caché de la chose du propriétaire.

29. S'il s'agit d'un ouvrage à plusieurs pièces ou à la mesure, le constructeur peut en demander la vérification partielle; la vérification est censée faite pour toutes les parties payées, si le propriétaire paie l'ouvrier en proportion de l'ouvrage fait.

§ V.

Garantie après la réception des travaux.

30. La garantie après la réception des travaux ne s'applique qu'aux vices qui étaient cachés ou n'avaient pas produits leurs funestes effets lors de la vérification ; le propriétaire ne peut plus se plaindre des mal-façons qui étaient apparentes.

31. L'action en garantie, pour vices des mêmes ouvrages, doit être intentée dans la même année de leur réception à peine de déchéance.

32. L'action en garantie, pour vices des gros ouvrages, doit être intentée dans les dix ans de leur réception, également à peine de déchéance.

33. Ces délais courent contre les mineurs et autres incapables, sauf leurs recours contre les personnes chargées de leurs intérêts.

34. Tous travaux de maçonnerie en pierre ou plâtre, tous ceux de charpente en bois ou fer, sont réputés gros ouvrages, tous autres travaux sont réputés menus ouvrages.

35. A défaut de convention contraire, la garantie a lieu pour les bâtiments réparés, comme pour les bâtiments neufs; néanmoins si l'édifice ne pouvait être conservé par des réparations plus complètes, les dommages-intérêts ne doivent comprendre que la valeur des réparations.

36. La garantie a lieu également pour les bâtiments auxquels il a été fait des changements ou augmentations, s'il est reconnu que les nouveaux travaux ont occasionné la ruine de l'édifice, par surcharge, par porte-à-faux ou par tout autre vice.

37. La garantie s'applique non seulement à la ruine de l'édifice, mais même aux simples détériorations qui ne mettent pas la construction dans un péril actuel, et peuvent seulement abréger sa durée.

38. Le propriétaire ne peut réclamer le bénéfice de la garantie, qu'en prouvant que le préjudice est causé par un vice de construction ou par un vice du sol qu'il était possible de prévoir.

39. La responsabilité des gros ouvrages frappe sur l'architecte ou sur l'entrepreneur, ou même sur tous deux solidairement suivant les distinctions ci-après.

40. L'architecte est responsable, sans recours, des vices du sol, vices des plans et fautes lourdes dans le règlement des mémoires; il est responsable, sauf recours contre qui de droit, des vices des matériaux et des vices de main-d'œuvre qu'il pouvait connaître.

41. Il cesse d'être garant vis-à-vis du propriétaire en prouvant par écrit que le propriétaire a été prévenu du danger et a persisté dans ses volontés, mais il reste toujours garant vis-à-vis des tiers qui peuvent être lésés.

42. S'il y a un architecte, l'entrepreneur cesse d'être garant, vis-à-vis du propriétaire, des vices du sol, des plans et de l'emploi des matériaux, par cela seul qu'il prouve avoir suivi exactement les plans et devis; il reste responsable des vices intrinsèques des matériaux

qu'il a fournis et des vices de main-d'œuvre, à moins qu'il ne prouve par écrit avoir suivi de nouveaux procédés ordonnés par l'architecte.

43. S'il n'y a pas d'architecte, l'entrepreneur est responsable de tous les vices, il ne peut s'affranchir de la garantie qu'en prouvant par écrit que le propriétaire, prévenu du danger, a persisté dans ses volontés, et il reste toujours dans tous les cas garant vis-à-vis des tiers lésés.

44. L'entrepreneur qui bâtit pour son compte sur son terrain, et vend ensuite le bâtiment neuf, est garant vis-à-vis de son acquéreur comme s'il avait construit pour le compte d'autrui.

45. Les maçons et charpentiers qui font directement des marchés sont entrepreneurs dans la partie qu'ils traitent; ils sont, à cet égard, assimilés à l'entrepreneur général, et leur responsabilité varie selon la présence ou l'absence d'un architecte.

46. Si le propriétaire prouve dans quelle partie des travaux est le vice, le constructeur de cette partie est seul responsable; si le propriétaire ne peut prouver dans quelle partie est le vice, aucun des entrepreneurs particuliers n'est responsable : le propriétaire doit s'imputer de n'avoir pas fait diriger l'ensemble de la construction par un architecte.

47. Les dommages-intérêts comprennent, non-seulement les dépenses de réparations, mais encore la moins-value de l'immeuble dont des cicatrices attestent le défaut de solidité; les dommages-intérêts s'étendent à la dégradation des travaux légers confiés à d'autres ouvriers, et même du mobilier garnissant l'édifice; toutefois, ils ne comprennent que le préjudice, qui est une conséquence immédiate et directe des vices de construction.

§ VI.

Responsabilité des délits et des quasi-délits en matière de construction.

48. En cas de contravention aux règlements de police, les propriétaire, architecte et entrepreneur sont condamnés solidairement à

l'amende envers le trésor public, et aux dommages-intérêts envers les tiers qui ont pu en éprouver préjudice.

49. Il y a lieu à recours entre le propriétaire, l'architecte et l'entrepreneur, non-seulement pour les dommages-intérêts, mais aussi pour l'amende, si ces condamnations ont été encourues par l'omission d'un fait que l'un d'eux était personnellement obligé d'accomplir, ou par la perpétration d'un fait auquel l'un d'eux seulement a pris part, ainsi qu'il résulte des exemples suivants :

50. S'il y a omission de déclaration pour prendre l'alignement, le propriétaire doit seul en supporter les conséquences, bien que les constructeurs ne l'aient pas prévenu.

51. S'il y a contravention à la hauteur des maisons, l'architecte qui a dressé les plans doit seul supporter le préjudice, à moins qu'il ne prouve par écrit qu'il a agi sur l'ordre du propriétaire, et après l'avoir prévenu.

52. S'il y a violation des règlements sur la solidité des bâtiments, toute la responsabilité retombera sur l'entrepreneur, à moins qu'il ne prouve avoir suivi les ordres de l'architecte.

53. En cas de violation des lois de voisinage, les propriétaire, architecte et entrepreneur sont responsables solidairement vis-à-vis des tiers lésés.

54. Les constructeurs ont recours contre le propriétaire s'ils ont agi d'après ses ordres, encore qu'ils ne l'aient pas prévenu de la contravention.

55. L'action qui résulte, soit d'une contravention aux règlements, soit d'une violation des lois de voisinage, soit d'une fraude dans l'exécution des travaux, peut être intentée tant qu'elle n'est pas prescrite d'après les règles du droit commun.

56. Le propriétaire est responsable en tous temps vis-à-vis des tiers, du dommage causé, soit aux personnes, soit aux propriétés, par la ruine de son bâtiment, lorsque cette ruine est occasionnée par défaut d'entretien ou par vice de construction.

57. L'architecte et l'entrepreneur sont responsables des accidents

occasionnés par vice de construction soit pendant les travaux, soit pendant les dix années qui suivent; dans ce cas ils doivent garantir le propriétaire de l'action des tiers.

58. L'entrepreneur est seul responsable des accidents occasionnés par les travaux, s'il n'a pas pris les précautions ordonnées par les règlements de police, et même telles autres précautions qu'un homme prudent aurait prises.

59. Il est seul responsable des accidents qui arrivent aux ouvriers par la faiblesse des échafauds, la vétusté des outils, ou la mauvaise direction des travaux.

60. L'entrepreneur est civilement responsable du fait de ses agents ou ouvriers, mais seulement dans le temps et le lieu des travaux, et pour les fonctions auxquelles il les emploie, sans cependant pouvoir s'excuser sur l'impossibilité d'empêcher la faute.

61. Le maître est civilement responsable du fait de l'apprenti pendant tout le temps qu'il est sous sa surveillance, même pour des actes étrangers aux travaux, à moins qu'il ne prouve qu'il n'a pu empêcher le fait coupable.

TABLE

Des Matières comprises dans ce Traité.

PREMIERE PARTIE.

DEUXIÈME PARTIE.

Paris. — Typographie et Lithographie de A. Appert, passage du Caire, 54.

www.ingramcontent.com/pod-product-compliance
Ingram Content Group UK Ltd.
Pitfield, Milton Keynes, MK11 3LW, UK
UKHW012203240726
13966UKWH00002B/538

9 782011 932228